Flückiger · Dachshund

Titelbild: aus »Typisch Dackel« von Hans-Jochen Ullmann (Müller Rüschlikon Verlags AG)
Zwinger vom Winterwald, D-94491 Hengersberg.

ISBN 3-275-0178-6

Satz: Alber Fotosatz GmbH, D-74385 Pleidelsheim.
Druck: Maisch + Queck, D-70839 Gerlingen.
Bindung: Dieringer, D-70839 Gerlingen.
Printed in Germany.

Fritz Flückiger

Reihe: »Hunderassen« · Herausgeber Urs Ochsenbein

Dachshund
Kurz-, Lang-, Rauhhaardackel

Ursprung · Aufzucht · Erziehung · Pflege

Müller Rüschlikon Verlags AG, CH-Cham/Zug

Inhaltsverzeichnis

1. Einleitung

Dieses Buch richtet sich in erster Linie an die Liebhaber und Halter eines Dachshundes als Familienhund. Es soll dem Leser Hinweise und Ratschläge über die Haltung des Dachshundes in seinen gesunden, aber auch kranken Tagen vermitteln.

Die Ratschläge und Anleitungen über die Erziehung sollen Sie aber auch davon überzeugen, daß der Dackel kein sturer und unerziehbarer Hund ist, wie ihm vielfach, ganz zu Unrecht, nachgesagt wird. Hier kann die neu geschaffene Begleithunde-Prüfung für Dachshunde sicher viel zur Erreichung des Zieles, einen in jeder Situation wohlerzogenen Hund zu besitzen, beitragen.

An dieser Stelle möchte ich ein spezielles Dankeschön aussprechen, einmal an Herrn Dr. med.vet. M. König, Courtepin, für die fachliche Durchsicht des Kapitels »Krankheiten«, und weiter an die Geschäftstelle des Deutschen Teckel Klub für die Überlassung von zahlreichem Bildmaterial sowie der freundlichen Genehmigung des Zugriffes zum Buch *100 Jahre DTK.*

Was die Ausbildung und Haltung des Dachshundes als Jagdhund betrifft, so gibt es dafür verschiedene gute Bücher welche sich spezifisch mit den Aufgaben des Jagdteckels befassen. Als langjähriger aktiver Jäger mit über 30 Jahres-Jagdscheinen und stets begleitet von einem, zeitweise sogar von 2 Langhaar-Dachshunden, ist es für mich beinahe eine Verpflichtung, die geschichtliche Entwicklung, sowohl bei den Jagdhunderassen wie auch der Jagdausübung, und vor allem die vielseitigen jagdlichen Eigenschaften der Dachshunde aller drei Haararten in einem besonderen Abschnitt gebührend zu erwähnen. In der letzten Zeit gehen die Meinungen, ob Nichtjäger ihre Hunde auch auf Jagdgebrauchs-Prüfungen führen sollen oder nicht, stark und oftmals sehr emotionell auseinander. Ich persönlich erachte es nicht als Vorteil, wenn der Halter eines Dachshundes als reiner Familienhund, und der absolut keine Beziehung zur Jagd hat, seinen Hund auf Jagdgebrauchs-Prüfungen führt. Ist der in jedem Dachshund immer noch vorhandene Jagdinstinkt einmal geweckt, dann ist es vorbei mit dem unbekümmerten Freilaufen lassen entlang von Waldrändern und Gebüschzonen. Stöbern und Jagen machen dem Hund sicher viel Freude, dem Besitzer bringt es aber nebst der Ungewißheit über die Rückkehr des Hundes, oftmals auch noch Ärger mit dem Landwirt oder Jäger.

Nun ich will in dieser Beziehung keine Vorschriften machen, viel wichtiger ist, daß der Hund sich wohl fühlt, daß er richtig ins Familienleben integriert wird und Sie als Besitzer viele Jahre Freude und Zuneigung zu Ihrem wohlerzogenen, vielleicht ab und zu auch et-was eigenwilligen Dachshund haben.

In diesem Sinne widme ich dieses Buch meiner lieben Gattin Olgi, welche mir an unzähligen Ausstellungen und Prüfungen eine kritische Begleiterin war und auch während meiner häufigen Abwesenheit an kynologischen oder jagdlichen Anlässen, unsere Hunde stets liebevoll betreut und über diese Zeit hinweggetröstet.

2. Ursprung, Geschichte und Entwicklung

Dachshund, Dackel oder Teckel, ganz gleich wie wir ihn benennen, gemeint ist immer der kleine, liebenswerte und oft auch etwas eigenwillige Hund. Woher kommt nun aber sein Name und wo liegt sein Ursprung? Über diese Fragen ist schon viel und sehr oft auch Widersprüchliches geschrieben worden. In einem Punkt sind die Wissenschaftler der gleichen Meinung, nämlich, daß unser heutiger Haushund vom Wolf abstammt.

Die Geschichte des Haushundes begann wahrscheinlich vor rund 10 000 Jahren, als die nomadisierenden Jäger und Sammler der Steinzeit allmählich zu einer seßhaften Lebensweise übergewechselt und zu Ackerbauern geworden sind. Jedenfalls stammen die ältesten Knochenfunde, die von Archäologen als Haushundfunde deklariert wurden, aus der Zeit von 700 bis 850 v. Chr. Solche Funde wurden in Europa (Türkei), aber auch in Asien (Persien, Japan) und Amerika (Arizona) gemacht. Warum der Mensch damals Hunde gehalten hat, darüber lassen sich lediglich Vermutungen anstellen, denkbar ist ihre Verwendung als Wächter, Zugtier und Jagdgehilfe. Die psychischen Eigenschaften dürften in früheren Zeiten für die Haltung und Zucht der Haushunde eine bedeutend größere Rolle gespielt haben als heute. Die züchterische Auslese war weitgehend eine Gebrauchsauslese. Ein Hund war nur dann wertvoll, wenn er die ihm zugedachte Aufgabe erfüllte.

In einem späteren Zeitalter erst entstanden die hängeohrigen mittel- und westeuropäischen Jagdhunderassen, deren früher Vertreter die ursprüngliche Bracke war.

Von der Bracke leiten sich dann alle späteren, hängeohrigen, westeuropäischen Jagdhundearten ab: die Vorstehhunde, Dachsbracken, Schweiß- und die Dachshunde. Ihr Ahnherr ist die Alt-Bracke.

Römerfunde
Daß die Römer zu ihrer Zeit Jagdhunde besaßen ist bekannt. Ausgrabungen im Forum Romanum bei Kempten (Allgäu) brachten Hundeskelette zutage, welche aufgrund ihrer Knochengestaltung auf den heutigen Dachshund hinweisen.

Germanen
Es kann mit Sicherheit angenommen werden, daß die Germanen einen niederläufigen Jagdhund besaßen, von einem Dachshund geht aus den damaligen schriftlichen Aussagen, den germanischen Stammesrechten, nichts hervor. Es wird lediglich ein »Bibarhunt« erwähnt, der für die Jagd unter der Erde verwendet wurde, der aber nicht wie ein heutiger Dachshund ausgesehen hat.

Es war Jacques du Fouilloux (1561) der erstmals mit ziemlicher Sicherheit von Dachshundeähnlichen Hunden berichtet. So schrieb er zum Thema Fuchs und Dachs: »Es werden aber die Füchse und Dachse mit Schlieferlin gefangen, welche Hündlein zweierlei Art und Geschlecht sind, die einen haben kurze, gekrümmte Füße und sind gewöhnlich von kurzem Haar, die anderen haben starke gerade Füße und rauhes Haar. Die mit den krummen Füßen fallen geschwinder in den Bau und sind auch für den Dachs viel besser, da sie länger im Bau ausharren mögen.« Es wird also hier von zwei Rassen und Schlägen gesprochen, einem reinen Erdhund und einem rauhhaarigen, niedrigen Laufhund. Da eine Reinzucht nach modernen Gesichtspunkten zu jener Zeit nicht bekannt war, darf man mit Sicherheit annehmen, daß diese beiden Schläge gekreuzt wurden. In einem 1671 erschienenen Buch über das Weidwerk und die Falknerei ist die Rede von kleinen Spürhunden, welche bei der Kaninchenjagd eingesetzt wurden, unter diesen Hunden soll es solche mit krummen und auch geraden Beinen gehabt haben und man soll sie auch zur Jagd auf Fuchs und Dachs verwendet haben. Im 1719 herausgegebenen Jagdbuch von v. Flemming finden wir zwei Abbildungen von Hunden welche einigermaßen dem heutigen Dachshund ähnlich sehen. Er

sagt über diese Hunde: »Sie kriechen und treiben und stöbern ihr Wild, schlagen an und stehen vor, mit einem solchen Fleiß und Eifer, um ihrem Jäger anzuzeigen, wo das Wild sich aufhalte.«

Diese Hunde sind meistens von roter Farbe oder schwärzlich, mit behangenen Ohren. Ein Ridinger Stich aus dieser Zeit zeigt uns ebenfalls solche Hunde.

Aus den zahlreichen Beschreibungen in den Jagdbüchern zwischen 1700–1800 läßt sich entnehmen, daß sich in diesem Jahrhundert die Rasse stark entwickelt hat. So schreibt Jester 1797: »Der Dachshund ist unter allen zur kleinen Jagd bestimmten Hunde der kleinste und schwächste, und doch übertrifft er sie alle an Herzhaftigkeit. Die gefleckten ungleichen, die stockhaarigen Dachshunde sind seltener als die schwarzen und braunen«, wobei mit braun wahrscheinlich das »Rot« von heute gemeint ist.

Das Wissen um die Domestizierung des Hundeahnen wird dank neuer, gesicherter Erkenntnisse allmählich weniger lückenhaft. Bei allen Haustieren haben sich durch die Haustierwerdung zum Teil erhebliche Unterschiede gegenüber ihrer Stammesform herausgebildet. Die neue Umwelt, die veränderte Ernährung und die Verlegung der Lebensräume verursachten eine Mannigfaltigkeit der Formen, die durch planmäßige Zuchtauswahl noch gesteigert wurde. Veränderungen der Erbanlagen (Mutationen) wie Farbänderungen, Zwergenwuchs u.a., bleiben bei den Haustieren erhalten, da unter der schützenden Hand des Menschen die natürliche Auslese der Wildtiere unterbleibt und der Mensch die neuen Formen züchterisch festigt.

Der vor einigen Jahren verstorbene, bekannte Kynologe und Autor mehrerer Hundebücher Dr. E. Schneider-Leyer beschrieb die Entstehung des Dachshundes mit folgenden Worten: »Die Entstehung des Dachshundes läßt sich aus dem Schrifttum wie folgt rekonstruieren. Während der Hetzhund (Windhund) seine Beute mit den Augen hetzte und die Bracke das Stück mit der Nase ausmachte, verfolgte und stellte, hatte der Dachshund ursprünglich die Aufgabe, durch Sprengen oder Vorliegen im Bau dem Jäger Dachs und Fuchs vor den Speer oder später vor die Flinte zu bringen. Ob die Vorfahren unseres heutigen Dachshundes zuerst Bauhunde oder Zwergbracken waren, die auf durch Mutation entstandenen verkürzten Läufen zum langsamen Jagen über der Erde verwendet wurden, mag die Wissenschaft endgültig klären, wenn das Quellenmaterial hierzu ausreicht.«

Nun ob es je einmal möglich sein wird, die Entstehung der Rasse hieb- und stichfest zu beweisen, sei dahingestellt, befassen wir uns also mit den neueren Erkenntnissen. Der endgültige Durchbruch kam im Jahre 1888 mit der Gründung des Deutschen Teckelklub (DTK) und bereits im Jahre 1890 wurden auch erstmals die Rasse-Kennzeichen, mit anderen Worten, der 1. Rasse-Standard für Dachshunde aufgestellt. Ebenfalls im gleichen Jahr wurde das Teckel-Stammbuch geschaffen.

Die Entwicklung wie aber auch der Rückschlag der einzelnen Haararten läßt sich aus diesen Stammbüchern gut verfolgen, so waren im Zeitabschnitt zwischen 1890 bis 1920 die Eintragungen der Würfe von Rauh- und Langhaar gegenüber den Kurzhaar geradezu unbedeutend. Die Wende kam hier erst in der Zeit nach dem Zweiten Weltkrieg, es waren damals in erster Linie die Langhaar und auch die Rauhhaar welche sich einer sehr großen Beliebtheit erfreuten. Seit rund 20 Jahren steht nun aber die Rauhhaar-Zucht an erster Stelle, eine Entwicklung wie sie fast in allen westeuropäischen Ländern festgestellt wird.

Der Dachshund wurde, wie aus den zeitgenössischen Beschreibungen und Illustrationen hervorgeht, in den früheren Jahren ausschließlich als Jagdhund gehalten und gezüchtet. Seinen weltweiten Siegeszug als beliebter Familienhund begann erst so recht in der Zeit nach dem Zweiten Weltkrieg.

Vor allem in der ersten Hälfte unseres Jahrhundert war er ein ausgesprochener Försterhund, daher auch oft als »Vorstehhund des kleinen Mannes« bezeichnet.

Als Stammrasse steht der Kurzhaar-Dachshund fest; durch Einkreuzung von Spaniel und dem altdeutschen Stöberhund – die Urform des heutigen Deutschen Wachtelhundes – ist der Langhaar-Dachshund entstanden. Der rauhhaarige Dachshund ist das Zuchtresultat der Einkreuzung des Kurzhaar-Dachshundes mit rauhhaarigen Pinschern und Schnauzern sowie dem englischen Dandie Dinmont Terrier.

Die Zwerg- und Kaninchen-Dachshunde, um die Jahrhundertwende gezüchtet als Hund für die Jagd in den Kaninchenbauten, sind das Ergebnis einer gewollten Zucht mit den damals vorhandenen kleinsten, reingezüchteten Hunden.

Der Dachshund ist und bleibt ein Jagdhund, auch wenn er heute mehrheitlich als Familienhund gehalten wird.

Der Dachshund hat einen großen Kopf mit großer Schnauze und hängenden Ohren, einen langen, walzenförmigen Leib mit eingebogenem Rücken,

Der Dachshund.

kurzes, glattes Haar, kurze, plumpe, starke und eigenthümlich gekrümmte, zuerst nach einwärts, dann wieder nach auswärts gebogene Vorderfüße, er hat eine feine Spürnase und sehr feines Gehör, aber die unangenehme Eigenschaft, auf der Jagd nicht auf seinen Herrn zu achten und das verjagte Wild anzuschneiden; seines niedern Baues und seiner niedern Beine wegen wird er zum Heraustreiben unterirdisch wohnender Thiere (Dachs, Fuchs u. s. w.) benützt.

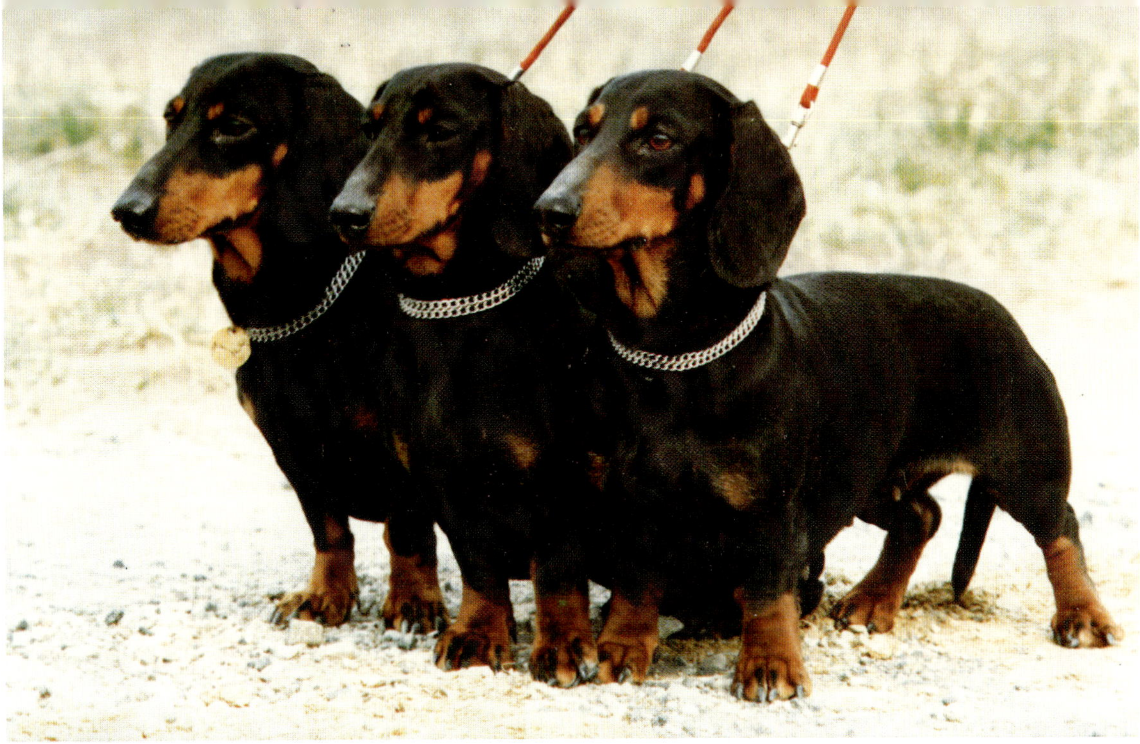

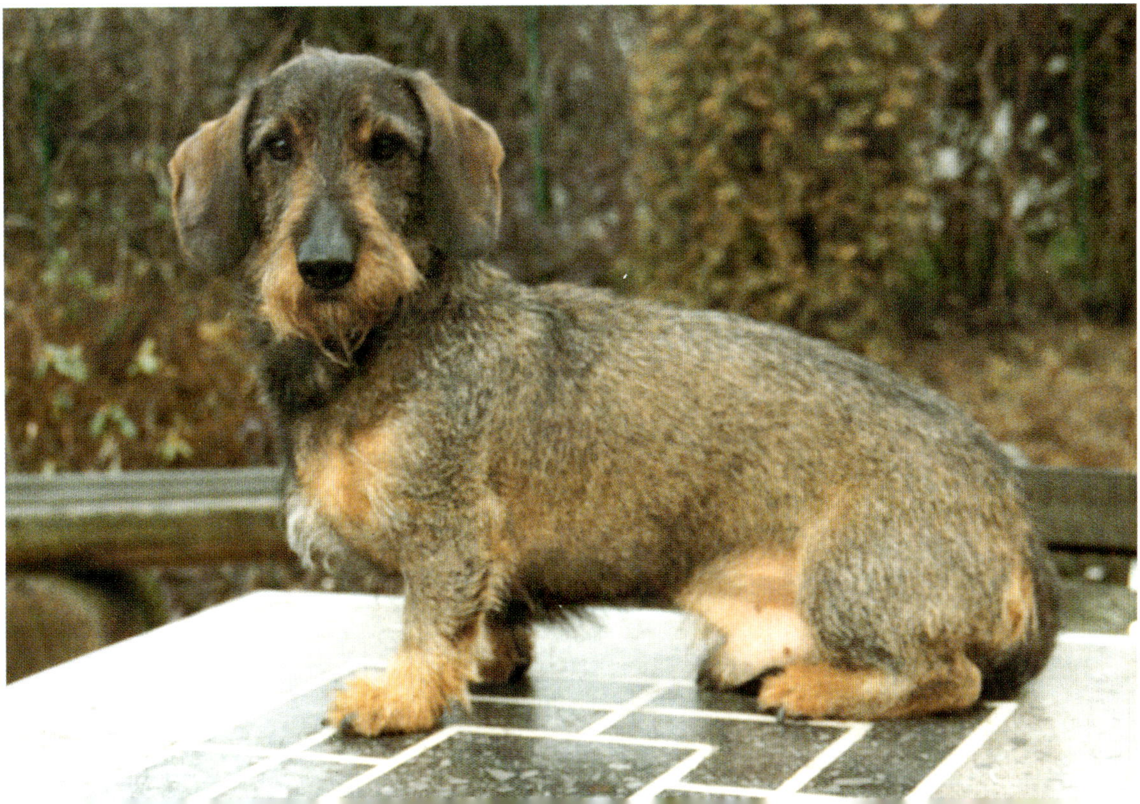

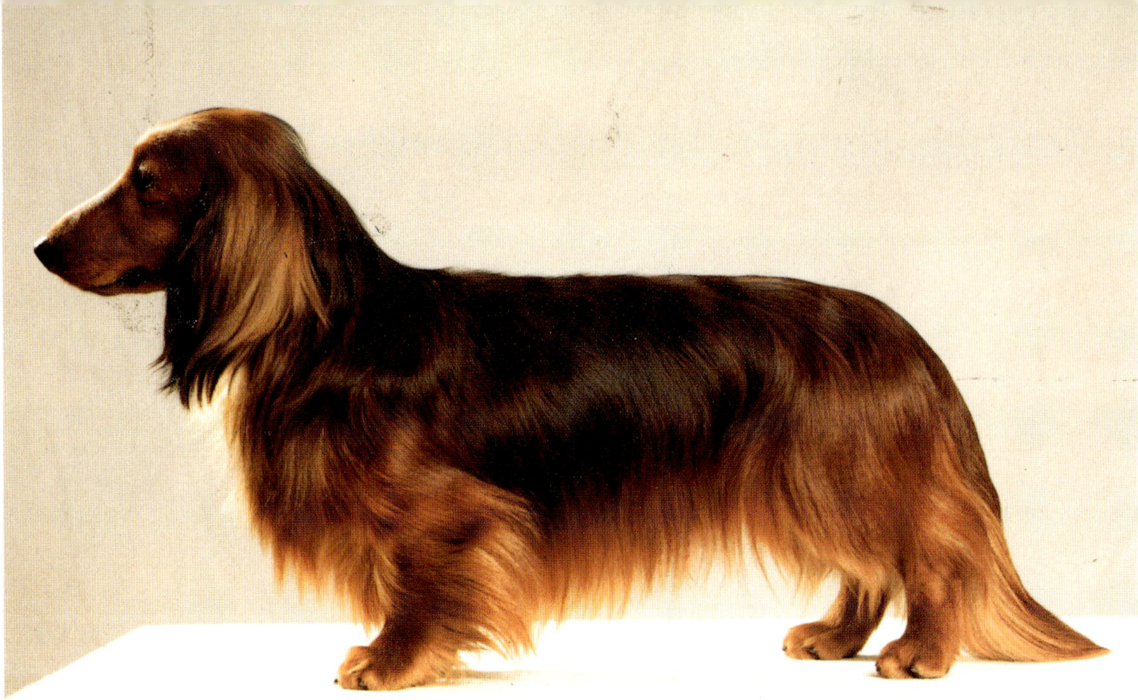

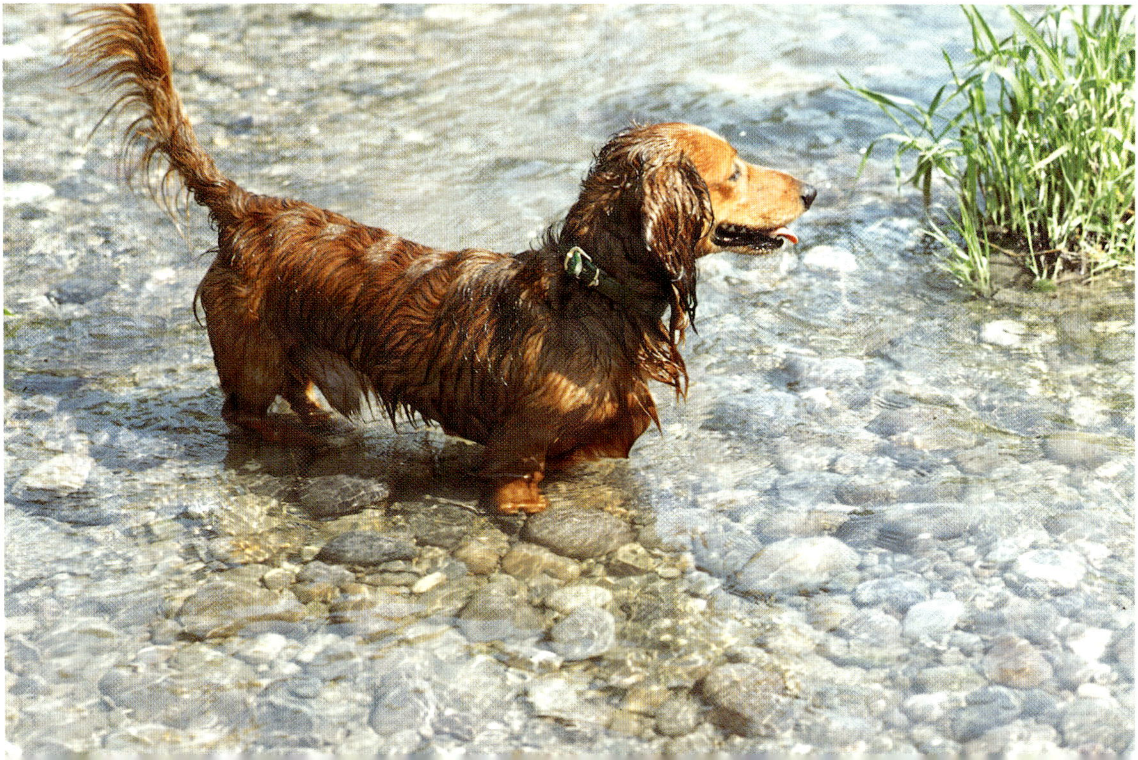

3. Erscheinungsbild des Dachshundes

Die Grundlage für die Zucht von Rassehunden ist in jedem Fall der bei der weltweiten kynologischen Dachorganisation, der Fédération Cynologique International (FCI) mit Sitz in Thuin (Belgien), hinterlegte Rasse-Standard. Dieser enthält die genaue Beschreibung der jeweiligen Rasse: Herkunft, Verwendung wie Schutzhund, Hütehund, Jagdhund, Windhund oder Gesellschaftshund (Pudel, Zwerghunderassen u.a.), die wichtigsten Merkmale der Rasse, das Erscheinungsbild, den Körperbau, die Behaarung, die Haarfarbe(n), Grösse und in vielen Fällen auch das Gewicht, dieses unterschiedlich ob Rüde oder Hündin. Dann eine Auflistung der angeborenen Fehler oder Mißbildungen welche zum Zuchtausschluss führen können. Der Rassestandard ist verbindlich sowohl für den Ausstellungsrichter als auch den mit der Zuchtüberwachung beauftragten Klubfunktionären.

Zuständig für die Erarbeitung eines Rasse-Standards ist das sogenannte Ursprungsland der Rasse, somit beim Dachshund Deutschland, beim Pudel Frankreich und die Schweiz für die Schweiz. Sennenhunde-Rassen usw. Innerhalb der FCI ist es die Standard-Kommission welche die eingereichten Standards aufgrund kynologischer und wissenschaftlicher Erkenntnisse überprüft, bevor diese in Kraft gesetzt werden.

Der Dachshund wird in 3 verschiedenen Haararten und Größen reingezüchtet. Jede dieser insgesamt 9 Rasse-Varietäten wird seitens der FCI als eine eigene Rasse anerkannt. Dies ist vor allem bei den Ausstellungen (CACIB und CAC) von Bedeutung, während bei den Prüfungen Dachshund ganz einfach Dachshund ist. Mit Ausnahme der ausgesprochenen Kaninchenteckel-Prüfungen werden keine Unterschiede in bezug auf Größe und Haarart gemacht.

Diese 3 verschiedenen Haararten und Größen sind: Kurzhaar, Rauhhaar und Langhaar bzw. Normalgröße, Zwerg und Kanin. Mit Normalgröße werden die Hunde mit einem Brustumfang über 35 cm und einem Gewicht zwischen 4–9 kg bezeichnet. Zwerg-Dachshunde haben einen Brustumfang unter 35 cm und ein Gewicht von max. 4 kg und beim Kaninchen-Dachshund darf der Brustumfang bis höchstens 30 cm reichen bei einem Gewicht von ca. 3 kg. Der Brustumfang darf frühestens im Alter von 15 Monaten durch einen anerkannten Ausstellungsrichter gemessen und in der Abstammungsurkunde eingetragen werden. Es läßt sich bei einem Lebewesen nicht verhindern, daß oftmals in einem Wurf der Normalgröße Zwerge vorkommen resp. Kanin bei Zwergenwürfen.

Der Rasse-Standard für die Dachshunde stammt noch aus dem Jahr 1961, er wird zur

Normalschlag

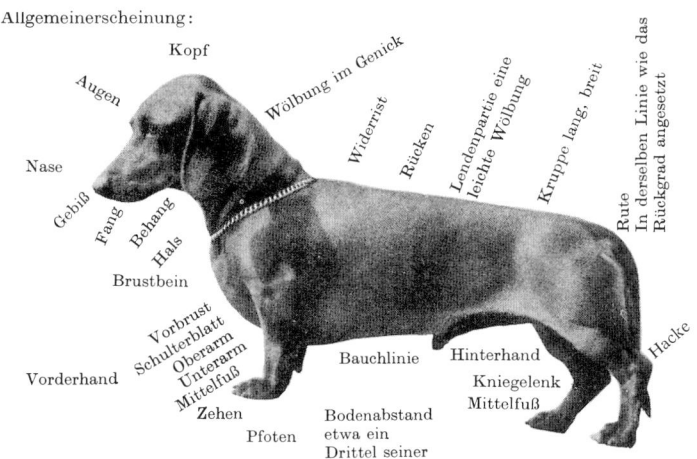

Allgemeinerscheinung:

Kopf
Augen
Nase
Gebiß
Fang
Behang
Hals
Brustbein
Wölbung im Genick
Widerrist
Rücken
Lendenpartie eine leichte Wölbung
Kruppe lang, breit
Rute In derselben Linie wie das Rückgrad angesetzt
Hacke
Vorderhand
Vorbrust
Schulterblatt
Oberarm
Unterarm
Mittelfuß
Zehen
Pfoten
Bauchlinie
Bodenabstand etwa ein Drittel seiner
Hinterhand
Kniegelenk
Mittelfuß

Kurzhaar
Behaarung: kurz, dicht, glänzend, glatt anliegend, nirgends unbehaarte Stellen zeigend.

Behaarung:

Augenbrauen buschig

Bartbildung am Fang
Behangbehaarung kürzer als am Körper

Am ganzen Körper vollkommen ausgeglichene, mit Unterwolle durchsetzte, anliegende, dichte, drahtige Behaarung

Rute derb-verjüngend auslaufend, anliegend behaart

Rauhhaar
Allgemeine Erscheinung: die des kurz-haarigen Teckels.

An Körperoberseite weich, schlicht, glänzend-fließend behaart
An ganzer Körperunterseite verlängert, namentlich:

am Behang überfallend

unter dem Hals

größte Länge der Behaarung an der Unterseite der Rute (Fahne)

an der Hinterseite der Läufe zu einer hervorragenden Feder

Langhaar
Unterscheidendes Merkmal gegen den kurz-haarigen Dachshund ist allein die längere Behaarung.

Kleinteckel

Das sind Zwerg- und Kaninchenteckel in Kurzhaar, Rauhhaar und Langhaar, die in allen Teilen und Eigenschaften ihren großen Vettern des Normalschlages wohlproportioniert gleichen sollen.

Brustumfang bis 35 cm im vollendeten Alter von 15 Monaten.

Brustumfang bis 30 cm im vollendeten Alter von 15 Monaten.

Zeit überarbeitet und dürfte in seiner neuen Fassung voraussichtlich im Jahr 1996 in Kraft treten. Aus diesem Grunde nachfolgend der inhaltlich etwas gekürzte Standard:

Gekürzte Fassung des Rasse-Standards der FCI, No. 158 (Ausgabe 1961)

Allgemeinerscheinung:
Niedrig, kurzläufig und langgestreckt, von strammer Gestalt mit derber Muskulatur. Eine kecke herausfordernde Haltung des Kopfes mit klugem Gesichtsausdruck. Trotz der – im Verhältnis zum langen Körper – kurzen Gliedmaßen weder krüppelhaft, plump oder in der Bewegungsfähigkeit beschränkt oder wieselartig schmächtig erscheinend.

Kopf:
Langgestreckt, von oben und von der Seite gesehen, sich gleichmäßig bis zur Nasenspitze verschmälernd. Oberkopf wenig gewölbt und ohne einen ausgeprägten Stirnabsatz (Stop) in den leicht gewölbten Nasenrücken verlaufend.

Nasenknorpel und Nasenkuppe lang und schmal, aber nicht spitz. Nasenlöcher gut offen.

Der Fang weit dehnbar, bis hinter die Augen offen, mit stark entwickeltem Gebiß und Kiefer. Kräftige, genau ineinander greifende Eckzähne.

Augen:
Mittelgroß, oval, seitwärts liegend, mit klarem, energischen und doch freundlichen Ausdruck. Farbe leuchtend dunkelrotbraun bis schwarzbraun, stets harmonisch zur Haarfarbe passend.

Behang:
Hoch, nicht zu weit vorn angesetzt, angemessen lang, schön abgerundet, weder schmal, spitz oder faltig. Beweglich, mit dem vorderen Saum dicht an der Wange anliegend.

Hals:
Genügend lang, muskulös, keine Kehlwamme aufweisend.

Vorderhand:
Schulterblatt: lang und schräg gestellt, fest auf

dem voll entwickelten Brustkorb anliegend, hart bemuskelt.

Oberarm: von gleicher Länge wie das Schulterblatt, im rechten Winkel zu diesem stehend. Straff bemuskelt, an den Rippen anliegend aber frei beweglich.

Unterarm: kurz, gerade, nach vorn und nach außen hart bemuskelt. In der Länge so, daß der Bodenabstand des Hundes ca. ein Drittel seiner Widerristhöhe beträgt.

Mittelfußknochen: sollen von der Seite gesehen weder steil stehen noch durchgedrückt sein.

Pfoten: Geschlossen und gut gewölbt mit kräftigen Fußballen.

Zehen: je fünf, von denen vier auftreten; mit starken Nägeln und derben Zehenballen versehen.

Rumpf:

Rücken: Der Rücken soll einen hohen und

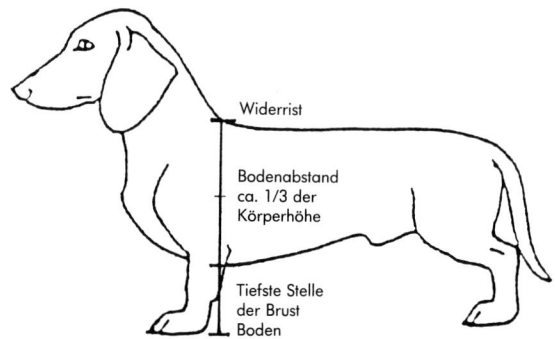

langen Widerrist haben, im Verlauf der weiteren Brustwirbel gerade verlaufen und in der Lendenpartie eine leichte Wölbung zeigen.

Brust: Brustbein derb und so stark hervorspringend, daß sich an beiden Seiten Gruben zeigen. Der Brustkorb ist von vorn gesehen oval, von oben und der Seite gesehen großräumig, mit breiter Lagerung um Herz und Lunge volle Entwicklung zu gewähren. Weit nach hinten aufgerippt.

Der anatomische Aufbau des Teckels

1. Oberschädel
2. Oberkiefer
3. Augenhöhle
4. Überaugenbrauenknochen
5. Jochbein
6. Hinterhauptbein (Jagdbein)
7. Unterkiefer
8. Schneidezähne
9. Eck- oder Fangzähne
10. Backenzähne
11. Halswirbel (7)
12. Rückenwirbel 13)
13. Lendenwirbel (7)
14 Rutenwirbel
15. Brustbein
16. Brustkorb (9 wahre und 4 falsche Rippen)
17. Schulterblatt
18. Schultergelenk
19. Oberarm
20. Unterarm (Ellenbogen und Speiche)
21. Ellenbogen,
22. Handwurzel (Vorderfußwurzel)
23. Mittelhandknochen (Vordermittelfußknochen)
24. 5 Zehen (je aus 3 Gliedern bestehend)
25. Becken
26. Pfannen- oder Beckengelenk
27. Sitzbein
28. Oberschenkel
29. Kniegelenk mit Kniescheibe
30. Unterschenkel (Wadenbein und Schienbein)

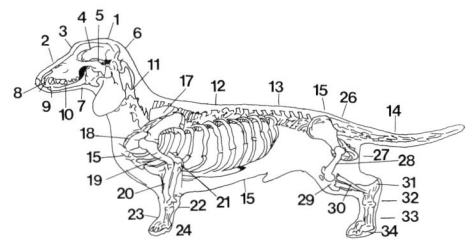

31. Fersenbein
32. Fußwurzel (Hinterfußwurzel)
33. Mittelfußknochen (Hintermittelfußknochen)
34. 4 hintere Zehen (je aus 3 Gliedern bestehend)

Bei richtiger Länge und Winkel von Schulter und Oberarm verdeckt in der Seitenansicht der Vorderlauf den tiefsten Punkt der Brustlinie.
Bauch: mäßig aufgezogen.

Hinterhand:

Kruppe: lang, breit, rund, voll bemuskelt.
Beckenknochen: genügend kräftig entwickelt und mäßig schräg gestellt.
Oberschenkel: stark, von guter Länge, im rechten Winkel in die Beckenpfanne eingelenkt.
Keulen: voll ausgerundet.
Kniegelenk: breit, kräftig.
Unterschenkel: kurz, im rechten Winkel zum Oberschenkel stehend, kräftig bemuskelt.
Fußwurzelknochen: breit mit stark vorspringendem Fersenbein.
Mittelfuß: lang, gegen den Unterschenkel beweglich, leicht nach vorn ausgebogen.

Pfoten der Hinterhand:

Hinterpfoten mit vier dicht geschlossenen und schön gewölbten Zehen, wie die der Vorderhand. Der Ganze Fuß soll mit den Sohlenballen auftreten. Krallen kurz aber derb. Die Hinterhand soll von hinten gesehen, vollständig gerade erscheinen.

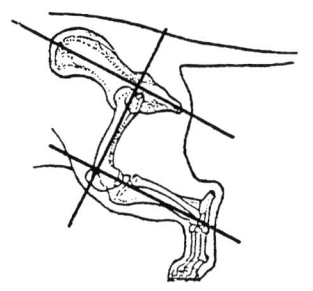

Rechtwinklige Stellung der Hintergliedmaße.

Rute:

In der gleichen Linie wie das Rückgrat angesetzt und verlaufend, ohne starke Krümmung.

Das Haarkleid

Der kurzhaarige Dachshund (siehe Seite 13)
Behaarung: kurz, dicht, glänzend, glatt anliegend, nirgends eine unbehaarte Stelle zeigend. Besondere Fehler der Behaarung sind; zu feines, dünnes Haar, haarlose, lederartige Stellen an den Behängen, haarlose Stellen, allzu grobes oder allzu reiches Haar im allgemeinen. Rute; fein verlaufend, vollständig, aber nicht zu reich behaart, eine Bürstenrute ist fehlerhaft, ebenso eine teilweise oder gar unbehaarte Rute.

Der rauhhaarige Dachshund (siehe Seite 13)
In der allgemeinen Erscheinung wie der kurzhaarige Dachshund jedoch mit Bart und Augenbrauen.
Behaarung: mit Ausnahme von Fang, Augenbrauen und Behang, am ganzen Körper vollkommen ausgeglichene, mit Unterwolle durchsetzte, anliegende, dichte, drahtige Jacke. Ein Bart am Fang ist erforderlich. Am Behang ist die Behaarung kürzer als am Körper, fast glatt, jedoch der übrigen Behaarung angepaßt. Die Gesamtbehaarung muß so wirken, daß der rauhhaarige Dachshund aus der Ferne betrachtet einem Kurzhaar gleicht.

Der langhaarige Dachshund (siehe Seite 14)
Das unterscheidende Merkmal gegenüber dem Kurz- und Rauhhaar-Dachshund ist allein die längere, seidenartige Behaarung.

Behaarung: das weiche, schlichte, glänzende Haar verlängert sich unter dem Hals, der ganzen Unterseite des Körpers, namentlich aber am Behang und an der Unterseite der Rute zu einer ausgeprägten Feder oder Fahne und erreicht seine größte Länge an der Unterseite der Rute. Am Behang soll die Behaarung am unteren Rand überfallen. Eine kurze Behaarung an dieser Stelle (sogen. Lederende) ist nicht erwünscht.

Eine zu üppige Behaarung, welliges oder gerolltes Haar, ist unerwünscht und gilt als fehlerhaft.

Die Haarfarben, Nase und Zehennägel

Die Dachshunde weisen eine breite Farbpalette auf, wobei jedoch gewisse Farben nur bei Rauhhaarigen zu finden sind. In einem direkten Zusammenhang mit der Haarfarbe steht auch die Farbe des Nasenspiegels und der Zehennägel. Es wird unterschieden in einfarbige, zweifarbige, gefleckte und andersfarbige Dachshunde.

einfarbige Hunde

Rot, Rotgelb, Gelb sowohl einfarbig oder mit oder ohne schwarze Stichelung, Nasenspiegel und Nägel schwarz. Fleischfarbig Rot ist zulässig. Die reine Farbe ist immer vorzuziehen d.h. Rot ist wertvoller als Rotgelb oder Gelb.

zweifarbige Hunde

Tiefschwarz oder Braun eventuell Grau, je mit rostfarbenen oder gelben Abzeichen (Brand) über den Augen, an den Seiten des Fanges und der Unterlippe, an den Innen- und Hinterseiten der Läufe, an den Pfoten. Nasenspiegel und Nägel wie bei den Einfarbigen.

gefleckte Hunde (Tigerdachshund)

Hier ist die Haarfarbe ein heller, bräunlicher grauer bis sogar weißer Grund mit dunklen unregelmäßigen Flecken. Nase und Nägel wie bei den Ein- und Zweifarbigen. Der eher seltene Tigerdachshund wird später noch eingehend beschrieben.

andersfarbige Hunde

Alle vorher nicht erwähnten Farben wobei Schwarz ohne jeden Brand unerwünscht und fehlerhaft ist, ebenfalls auch Reinweiß.

Die Bezeichnung der Haarfarben

Bei Rot wird unterschieden, vor allem beim Langhaar, Reinrot, sattes Rot, Mahagonifarben, Setterfarbig, Rot mit dunklem Brand d.h. schwarzes Deckhaar vor allem am Behang sowie Rot mit sehr viel schwarzem Brand am ganzen Körper. Beim Kurzhaar; Rotgelb, Hirschrot.

Braun findet man vor allem beim Kurzhaar und zwar in verschiedenen Nuancen wobei Schokoladebraun eher selten ist. Auch beim Rauhhaar findet man ein sehr helles Braun, das sogenannte Dürrlaubfarben.

Schwarz muß stets, und das bei allen drei Haararten, mit einem Brand, hier sind es die hellbraunen Haarflecken über dem Auge, am Fang und an den Läufen und Pfoten, versehen sein.

Beim Rauhhaar ist das sogenannte Wildsaufarben die verbreitetste Farbe, es wird unterschieden in Hell- resp. Dunkelsaufarben, gemeint ist damit das dunkelgrau gesprenkelte Haarkleid.

Die Farbe des Haares kann sich während

den ersten 12 Lebensmonaten oft leicht verändern, so geht der beim roten Langhaar im Welpenalter oftmals vorhandene dunkle Haarstrich über dem Rückgrat, auch Ahlstrich genannt, später verloren.

Grundsätzlich ist festzuhalten, daß Rot immer dominant über die anderen Farben ist, Kurzhaar ist dominant über Langhaar und Rauhhaar steht über den beiden anderen Haararten.

Das Gebiß

Unabhängig der Rasse ist das Gebiß bei allen Hunden gleich. Der Hund besitzt ein Fleischfressergebiß zum Ergreifen und Reissen der Beute. Es besteht aus mit weißem Zahnschmelz überzogenen Wurzelzähnen. Das vollständige Milchgebiß besteht aus 28 Zähnen, das vollständige Ersatzgebiß jedoch aus 42 Zähnen. Vorn im Gebiß stehen in jeder Kieferhälfte unten und oben je 3 Schneidezähne (Incisivi); dann stehen je unten und oben beidseitig der Schneidezähne je 1 Fangzahn (Canini); die vorderen Backenzähne (Prämolaren), je 4 Stück in beiden Kieferhälften, oben und unten; die kräftigen hinteren Backenzähne (Molaren), je 2 Stück im Oberkiefer und 3 Stück im Unterkiefer. Als Reißzähne werden der 4. Prämolar im Oberkiefer und der 1. Molar im Unterkiefer benannt.

Der Zahnwechsel vollzieht sich in der Regel zwischen dem 4. und 6. Monat, wobei bei Zwergrassen eine leichte Verzögerung möglich ist. Um die Gefahr einer späteren falschen Zahnstellung auszuschließen, sollten Milchzähne, die trotz dem Nachschieben des Er-

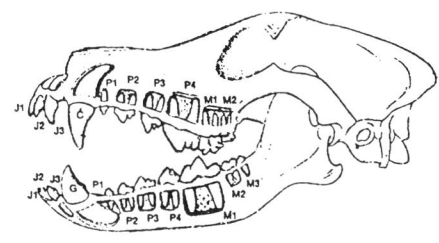

Normalgebiß

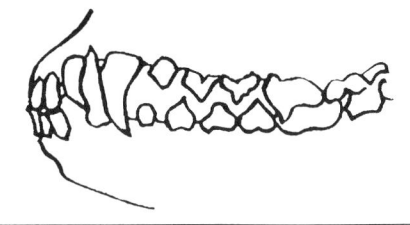

Zangengebiß

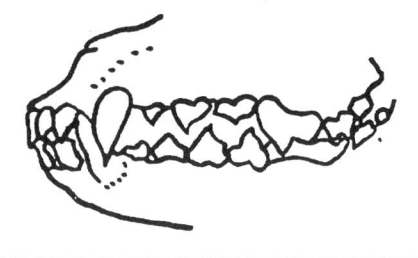

Scherengebiß

satzgebisses nicht ausfallen wollen, durch den Tierarzt entfernt werden.

Man kennt 5 verschiedene Gebißformen; das Scherengebiß, das Zangengebiß, der Vorbiß, der Rückbiß und Kreuzbiß. Die beim Dachshund erwünschten Gebißformen sind Scherengebiß oder Zangengebiß.

Das Scherengebiß

Hier treffen beim Kieferschluß die Schneidezähne des Oberkiefers knapp vor denen des Unterkiefers auf. Beide Zahnreihen müssen miteinander in Kontakt stehen (Schereneffekt).

Das Zangengebiß

Hier treffen die beiden Zahnreihen genau aufeinander (Zangeneffekt).

Der Vorbiß

Der bewegliche Teil eines Gebisses ist immer der Unterkiefer, beim Vorbiß überragt der Unterkiefer den Oberkiefer und es besteht keinerlei Kontakt zwischen den beiden Zahnreihen der Schneidezähne.

Der Rückbiß

Hier trifft das Gegenteil zum Vorbiß ein, der Unterkiefer schließt ohne Kontakt hinter den oberen Schneidezähnen.

Der Kreuzbiß

Eine eher seltene Form, die Schneidezähne des Unterkiefers treffen versetzt d.h. auf der einen Seite vor und der anderen hinter denjenigen des Oberkiefers auf.

Da Gebiß resp. Kieferveränderung vererblich sind, führen die letztgenannten Gebißformen zum Zuchtausschluß des betreffenden Hundes.

Die Rute

Der Dachshund besitzt eine angeborene, lange Rute. Die lange Rute eines Hundes besteht aus 20–23 Rutenwirbeln und weist eine Länge von ca. 20–24 cm auf. Beim Dachshund sollen Rückenlinie, Kruppe und Rutenansatz eine harmonisch verlaufende Linie bilden. Die Rute

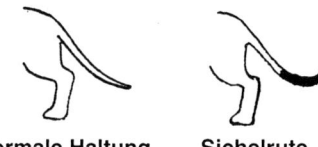

Normale Haltung   Sichelrute

Zu hoch angesetzt   Zu tief angesetzt

Eingeklemmte Rute

Rutendeformationen:
a) normal   b) Knickrute   c) Exortosen   d) Stummelrute

a

b

b

c

d

soll leicht gekrümmt sein und über das Sprunggelenk hinab reichen. Der Langhaar-Dachshund soll in der Bewegung seine Fahnenrute gut präsentieren.

Bei langen Ruten kann es, ungeachtet der Rasse, zu Rutendeformationen kommen, dazu gehören alle Mißbildungen an den Rutenwirbeln wie Stummelbildung, Knickungen innerhalb oder zwischen zwei und mehreren Wirbeln, ferner Verwachsungen von zwei oder mehreren Wirbeln, wodurch die Beweglichkeit der einzelnen Wirbel gegeneinander behindert wird. Das Vorhandensein von Rutenfehlern kann nicht immer bereits beim Welpen feststellbar sein. Genetisch bedingte Fehler können sich noch bis zum 7. oder 8. Lebensmonat bilden, da sich die Zwischenwirbelscheiben bis zu diesem Alter noch festigen.

Nicht alle Mißbildungen sind fühl- und sichtbar, es gibt auch solche die nur röntgenologisch feststellbar sind. Rutendeformationen sind grundsätzlich »zucht-ausschließende Fehler«. Es kann aber auch zu Rutenverletzungen, entstanden durch äußere Gewalt (Unfall, Beißerei, Einklemmen der Rute in Türen), kommen. Wenn ein Tier zur Zucht verwendet oder weiter ausgestellt wird, so müssen solche Verletzungen im frisch blutenden Zustand vom Tierarzt attestiert werden, nach Möglichkeit unter gleichzeitiger Herstellung eines Röntgenbildes, dieses wenn möglich mit Täto-Nummer oder Ausschnitt der Ahnentafel.

Abstammungsurkunde

Die Abstammungsurkunde, auch Ahnentafel oder Stammbaum genannt, gehört zu jedem Hund dessen Elterntiere resp. der Wurf in einem von der FCI anerkannten Zucht-Register oder Stammbuch eingetragen sind. Verantwortlich für das Zucht-Register, in der Schweiz Hundestammbuch (SHSB) genannt, ist die Stammbuchverwaltung der Schweizerischen Kynologischen Gesellschaft (SKG), in Deutschland ist es das Stammbuchamt des Deutschen Teckelklub (DTK) und in Oesterreich die Zuchtbuchstelle des Oesterreichischen Dachshundklub (OeDHK).

Die Abstammungsurkunde, eine Urkunde im Sinne des Gesetzes, bestätigt die Rassenreinheit des Hundes, sie kann jedoch auf keinen Fall ein Garantie-Zeugnis in bezug auf die Gesundheit und Zuchtverwendung des betreffenden Tieres sein. In der Regel sind in diesem Dokument die Ahnen bis zur 3., eventuell 5. Generation aufgeführt.

Bis zum vollständigen Nachweis der 3. Generation, sowohl väterlicher- wie mütterlicherseits, erfolgt in der Schweiz der Eintrag im Anhang zum SHSB. Internationale Championtitel der FCI werden nur dann homologiert, wenn der Nachweis der vollständigen Abstammung, d.h. beidseitig 3 Generationen, erbracht wird.

Eine Abstammungsurkunde besteht vor allem einmal aus den Angaben über den Hund, Zwingername, Name des Hundes, Wurfdatum. Haarart und Farbe(n), Name und Adresse des Züchters und des Eigentümers, sofern vorhanden die Täto- oder Microchip Nummer. Bei den aufgeführten Ahnen werden nach Möglichkeit auch die erworbenen Champion-Titel Schönheit resp. Arbeit aufgeführt. Ein zweiter Teil der Urkunde ist reserviert für die Resultat-Eintragung von Ausstellungen und Prüfungen

SCHWEIZERISCHE KYNOLOGISCHE GESELLSCHAFT SKG
SOCIÉTÉ CYNOLOGIQUE SUISSE SCS
SOCIETÀ CINOLOGICA SVIZZERA SCS

Mitglied der
Membre de la FÉDÉRATION CYNOLOGIQUE INTERNATIONALE
Membro della

SKG
SCS

Abstammungsurkunde
Pedigree

Diese Abstammungsurkunde gilt als Urkunde im juristischen Sinn. Sie hat nur Gültigkeit, wenn sie vom Stammbuchsekretariat der SKG unterzeichnet ist.

Sie bestätigt die Rassenreinheit des Hundes, gewährleistet jedoch nicht, dass dieser später die Vorschriften für eine Zuchtverwendung erfüllt.

Ce pedigree est un certificat d'origine au sens juridique. Il n'est valable que s'il est signé par le secrétariat du Livre des Origines Suisse de la SCS.

Il confirme la pureté de race du chien sans toutefois garantir que ce chien corresponde ultérieurement aux prescriptions des règlements d'élevage et de reproduction.

Stammbuchsekretariat der SKG
Secrétariat du LOS de la SCS

Schweizerisches
Hundestammbuch

Der Züchter
L'éleveur

Otto Susen

Vermerke zur Zuchtzulassung
Remarques sur l'aptitude à l'élevage

ZUCHTTAUGLICH
Schweiz. Dachshundclub

Veterinär-medizinische Befunde
Résultats d'examens vétérinaires

Zuchtverwendung / Portées

Deckrüde / Etalon	SHSB / LOS	Wurfdatum Date de mise bas	Eingetragene Welpen Chiots inscrits	Ammenaufzucht ja / nein Nourrice oui / non
Waldmann v.d. Marchenreich	436848	7.3.92	1/2	—
Ramses v.d. Marchenreich	377863	26.4.93	2/1	

Ausstellungs- und Prüfungserfolge / Résultats d'expositions et de concours de travail

Jahr Année	Ausstellung / Prüfung Expositions / Concours de travail	Qualifikation / Qualification	Richter / Juge
15.9.90.	Beromünster Schussfestigkeit bestanden		SCHWEIZERISCHER DACHSHUND CLUB
15.9.90.	Beromünster Schweiss-Prüfung 1'000 m. DTK	I.Pr. 92 Pkt.	
5.5.91	Ankörung Kaiseraugst	vorzüglich	A. Sireli
22.6.91	CH 91 Langenthal	vorzüglich I CAC	
10.8.91	Schmitten/Ungarn	K, VORZÜGLICH, Res CAC	Priva Rasso v. Bayer
22.9.91	Exp. int. Lausanne	Excellent I (1)	E. Cramszky
5.10.91	Schweiß-Prüfung 20 hh 100m	1. Pr. 100 Pkte.	Graff.
	Alp. - Rentin	SchwpK	

Homologierte Titel / Titres homologués

---

sowie von Eintragungen des Zuchtwartes des zuständigen Rasseklubs.

Beim Kauf eines Hundes ist die Ahnentafel unentgeltlich mitzugeben.

Noch ein Wort zur Täto-Nummer. In der Schweiz ist das Tätowieren oder Implantieren eines Microchips, abgesehen von einigen wenigen kantonalen Verordnungen, freiwillig.

In Deutschland werden alle im DTK gezüchteten Dachshunde-Welpen in ihrem rechten Behang tätowiert, die Täto-Nummer wird in der Ahnentafel eingetragen. In Oesterreich besteht ebenfalls Tätowierungspflicht.

Impfausweis

Wie die Abstammungsurkunde, so gehört das Impfzeugnis zu jedem Hund. Das Impfzeugnis enthält Name und Adresse des Hundebesitzers sowie ein kurzes Signalement des Hundes. Der behandelnde Tierarzt bestätigt mit Datum, Angabe des Impfstoffes und seiner Unterschrift die jeweils ausgeführte Schutzimpfung, diese sind: gegen Tollwut, Staupe, Hepatitis, Leptospirose und Paravirose.

Die erste Impfung, für welche in jedem Fall der Züchter verantwortlich ist, soll zwischen der 7. und 9. Lebenswoche gegen Staupe, Hepatitis und Leptospirose vorgenommen werden, zwischen der 12. und 14. Woche muß diese Impfung wiederholt werden, später dann regelmäßig alle 1–2 Jahre. Die Tollwut-Impfung sollte zur Erzielung eines möglichst optimalen Impfschutzes nicht vor dem 3. Lebensmonat gemacht werden, später dann regelmäßig alle 1–2 Jahre.

Der Impfausweis ist zwingend mitzuführen beim Grenzübertritt, bei Ausstellungen und Prüfungen, ferner in der Schweiz beim jährlichen Einlösen der kantonalen Hundekontrollmarke.

Der Tiger-Dachshund

Der Tiger-Dachshund, eine selten gezüchtete Urform

Während in den USA nach Berichten von Dr. W. Nicon und Barbara Murphy diese Varietät relativ gut verbreitet ist, finden wir sie in Europa, selbst in Deutschland, eher selten. Die Bezeichnung »Tiger« ist hier eigentlich fehl am Platz, denn der Tiger ist nicht gefleckt, lag hier seinerzeit wohl eine Verwechslung mit dem Panther vor? Der Tigerdachshund hat ein geflecktes Haarkleid wobei diese Flecken ausgeprägt sein sollen. Diese Farbmusterung finden wir nur beim Lang- und Kurzhaar. Die Besonderheit dieser Varietät beim Dachshund verdient es, näher darauf einzutreten.

Ein kurzer Rückblick auf die Geschichte der Tiger-Dackel zeigt, daß es sich hier um einen der ältesten Typen der Zucht, zusammen mit den roten und schwarz-roten Farben handelt. Bereits im Jahr 1797 werden sie in Deutschland als populärer Hund in ihrer Zweifarbigkeit

erwähnt (Daglish). Seit dieser Zeit wechselten sich die Perioden großer Beliebtheit mit fast gänzlichem Desinteresse ab. Da der genetische Faktor der Tigerung jedoch ständig durch einige wenige passionierte Züchter weitergeführt worden ist, gibt es heute immer noch Stämme die geeignet sind, die Zucht fortzusetzen.

Was ist ein Tiger und was nicht? Wenn wir uns auf Daglish abstützen, so ist der Tiger-Dachshund nichts Neues. Die Tigerung ist an sich keine Farbe, sondern ein Muster. Die Decke des Dachshundes wird von mindestens drei unterschiedlichen Eigenschaften bestimmt, die alle als eigene Merkmale vererbbar sind: 1. Haartyp (Rauhhaar, Kurzhaar, Langhaar), 2. Haarfarbe (schwarz, rot usw) 3. Haarmuster (einfarbig, getigert). Da alle einzeln vererbbar sind, ist es theoretisch möglich, Exemplare irgendeiner Kombination von diesen drei Arten des Haarkleides zu bekommen. Die Tigerung als dominanter Erbfaktor dominiert über ein einfarbiges Tier. Einfarbig bedeutet, daß die Farbe nicht unterbrochen ist und das Tier daher nur seine Grundfarbe, zum Beispiel Rot aufweist. In der kynologischen Vererbungslehre ist Tiger dem Merle gleichzustellen, Symbol M. Dieses M als dominanter Faktor bringt nun das typische Tigermuster beim Dachshund, das Harlekinmuster bei den Doggen sowie bei den Collies und den Shetland Sheepdog (Burns & Fraser 1966). Es ist ziemlich ausgeschlossen, daß die Tigerung beim Dachshund auf etwas anderes zurückgeführt werden kann als den Merle-Faktor. Es lassen sich beim Tiger-Dachshund in bezug auf den Merle-Faktor drei Typen unterscheiden; M/M homogene Tiger, M/m heterogene Typen, die am meisten vorkommende Art und dann noch m/m nicht getigert. Nach Daglish (1960) sollte ein perfekt gezeichneter Schwarztiger (M/m) die gesamte Grundfläche seines Haarkleides in Hell/Silbergrau aufweisen, gemischt zu gleichen Teilen mit schwarzen und weißen Haaren. Es muß einen Grauschimmel-Effekt ergeben ähnlich dem graublauen Pferd. Auf dem hellen Grund sollen unregelmäßig schwarze Flecken verteilt sein, diese sollen in ihrer Größe variieren, aber kein Teil des Kopfes, Rumpfes oder der Gliedmaßen soll eine ununterbrochene schwarze Fläche aufweisen.

Der Rottiger ist dem Brauntiger gleichzustellen, mit der Ausnahme, daß das farbige Haar in der Grundfarbe und die kräftigen Flecken dunkelrot sind. Beim Schwarz- und Rottiger muß die Nase schwarz sein, beim Brauntiger braun. Die Augen können braun sein oder auch Glasaugen, diese sind blau oder weißlich. Es kann auch vorkommen, daß ein Auge braun, das andere ein Glasauge ist, dies ist hier kein Fehler. In der Regel sollte das Auge wie die umliegende Fläche in bezug auf die Farbe getönt sein. Bei vorwiegender Tigerung des Kopfes findet man meistens das Glasauge, weist jedoch der Kopf eine kräftige, einzelne Farbe auf, so sollte das Auge braun sein. Gemäß dem Rasse-Standard sind bei den getigerten Hunden das Glas- oder das Perlauge nicht fehlerhaft, aber auch nicht unbedingt erwünscht.

Wie aus dem Geschilderten hervorgeht, ist die Zucht von Tiger-Dachshunden eine der schwierigsten der ganzen Rasse. Wer nicht über sehr viel Zeit und über sehr gute Kenntnisse der Vererbungslehre verfügt, sollte die Hände von der Sache lassen. Ein kleiner weißer Brustfleck bei einem einfarbigen Tier ist keine Tigerung noch ein Beweis, daß dieser Hund jemals Tiger in seinen Ahnen gehabt hat. Mißerfolge bei der Tigerzucht sollen abschließend nicht verschwiegen werden. So verlangt vor allem die Zucht der homogenen Tiger (M/M) eine große Vorsicht, denn die weiße Farbe kann zu stark auftreten vor allem am Kopf und an den Läufen, damit verbunden sind oftmals blaue Auge, aber auch Blindheit und/oder Taubheit treten auf.

DTK
Bundessieger 1985
»Axel vom Kahlenberg«

DTK
Bundessieger 1988
»Endy vom Kahlenberg«

DTK
Bundessieger 1990
»Ino vom Kahlenberg«

4. Hundezucht und Züchter

Erste Voraussetzung für eine planmässige Hundezucht ist ein klares Zuchtziel. Die freie Partnerwahl, immer im Rahmen der jeweiligen Bestimmungen, steht jedem Züchter offen. Aufgrund des Internationalen Zuchtreglements der FCI gilt als Züchter in der Regel der Eigentümer der Hündin im Zeitpunkt des Belegens.

Als Züchten im kynologischen Sinn kann die schöpferische Tätigkeit des Menschen damit umschrieben werden: »durch eine gezielte Paarung von gesunden und den Anforderungen des Rassestandards resp. den Zuchtvorschriften der Rasseklubs entsprechenden Elterntieren, Nachzucht zu erzielen.«

Das Züchten von Hunden verlangt vom Züchter nicht nur viel Zeit, Idealismus, Geduld, genügend Platz und auch eine Portion Glück. Mit der Hundezucht läßt sich kaum Geld verdienen, in den meisten Fällen ist die Rechnung ausgeglichen und wenn man Pech hat, bei Hunden welche tierärztlich betreut werden müssen, so legt man noch Geld drauf.

Immer unter der Voraussetzung, daß das Züchten im Rahmen der FCI resp. der ihr angeschlossenen Landesverbänden erfolgt, ist die Paarung mit zuchttauglichen Tieren eine zwingende Bedingung. Damit ist gemeint, daß beide Elterntiere zuchtbuchmäßig erfaßt und angekört sind. Eine Ankörung oder Zuchtmusterung erfolgt aufgrund der in den Zuchtbe-stimmungen des zuständigen Rasseklubs festgesetzten Vorschriften. Solche Vorschriften können gegenüber dem Rasse-Standard, vor allem was die zuchtausschließenden Fehler anbetrifft, verschärft werden, sie dürfen indessen die Zucht nicht ungebührlich erschweren. Das Mindestalter der Zulassung zur Ankörung oder Zuchtschau ist von Land zu Land unterschiedlich, so in der Schweiz ab dem 15. Lebensmonat, in Deutschland ab dem 9. Lebensmonat und in Oesterreich für die Normalgröße ebenfalls ab dem 9. Monat resp. für Kleindachshunde ab dem 15. Monat.

In den Zuchtbestimmungen ist ebenfalls festgehalten, ab welchem Alter die Hunde zur Zucht eingesetzt werden dürfen, bis zu welchem Alter mit einer Hündin gezüchtet werden darf und ferner die Anzahl der Welpen pro Wurf, welche eine Hündin aufziehen darf. Zum Schutz der Mutterhündin ist ebenfalls verbindlich die Zahl der Würfe im Zeitraum von einem resp. zwei Jahren festgehalten. Auch in diesem Punkt sind die Vorschriften nicht einheitlich. Deckrüden- wie auch die Hündinnenbesitzer müssen sich vor dem Deckakt davon überzeugen, daß der Partner zur Zucht zugelassen ist. Der Besitzer der Hündin entrichtet dem Rüdenbesitzer eine Deckentschädigung. Diese ist betragsmäßig sehr unterschiedlich und hängt auch von verschiedenen Faktoren wie Ausstellungs- oder Prüfungserfolge, Champion-Titel u.a. ab. Vereinzelt kommt es auch zur Zuchtrechtübertragung, d.h. der Käufer eines Hundes, Hündin oder Rüde, überträgt mittels einer vertraglichen Abmachung die Zuchtverwendung seines Tieres an eine Drittperson, es ist dies meistens der Züchter des betreffenden Tieres.

Noch ein wichtiger Hinweis: die Zuchtbestimmungen gelten in der Schweiz für alle Züchter, ungeachtet ob sie Mitglied im Rasseklub sind oder nicht. In Deutschland hingegen ist die Mitgliedschaft im DTK Voraussetzung für den Eintrag im Stammbuch. In Oesterreich besteht kein Zwang der Mitgliedschaft im Rasseklub.

Es würde zu weit führen hier auf alle für einen Züchter verbindlichen Bestimmungen einzutreten. Interessenten mögen sich daher bitte direkt an eine der im Anhang aufgeführten Adressen wenden.

In der Zucht wird unterschieden in *Fremdzucht* und *Inzucht*.

Fremdzucht: die beiden Partner sind nicht verwandt und weisen somit unterschiedliche Blutlinien auf, sie haben keine gemeinsamen Vorfahren. In der Praxis ist es jedoch kaum möglich eine konsequente Fremdzucht zu praktizieren, besonders dort nicht, wo nur eine schmale Zuchtbasis vorhanden ist. Weit zurückliegende gemeinsame Vorfahren können die Zucht aber kaum noch wesentlich beeinflussen.

Inzucht: die Linien- oder Verwandtschaftszucht, d.h. Paarung von Halbgeschwistern und weiter entfernten verwandten Hunden setzt ein exaktes Studium der Abstammungsurkunden voraus, wenn sie erfolgbringend sein soll.

Die Inzestzucht: die Paarung von Vollgeschwistern, Vater/Tochter, Mutter/Sohn bedarf, um zum Erfolg zu führen, einer großen und langjährigen Erfahrung auf diesem Gebiet und Anfänger sollten daher die Hände davon lassen.

Paarungen zwischen den 3 verschiedenen Haararten der Dachshunde sind nicht gestattet, ebensowenig sollen die verschiedenen Größen gepaart werden. Seit dem 1.1.94 gibt es innerhalb des DTK für Züchter von Kleindachshunden nachfolgende Bestimmung: ab diesem Datum dürfen nur noch Zwergteckel mit Zwergteckel und Kaninchenteckel mit Kaninchenteckel gepaart werden. Sondergenehmigungen müssen vor dem Deckakt beim Bundeszuchtwart eingeholt werden.

Im weiteren ist darauf hinzuweisen, daß in den bereits mehrfach genannten Ländern Rauhhaarteckel, deren Haarkleid kurz geblieben ist und die weder Bart noch Augenbrauen aufweisen, nicht zur Zucht verwendet werden dürfen.

Züchten, ja oder nein?

Wer sich mit dem Gedanken befaßt, mit seiner Hündin zu züchten, sei es vorerst nur für einen Wurf oder aber in der Absicht, eine gezielte Zucht von Rassehunden aufzubauen, muß sich der großen Verantwortung, die er damit übernimmt, voll bewußt sein. Schon der große alte Mann in der österreichischen Kynologie, Prof. Dr. Hauck, forderte vor mehr als 60 Jahren als unabdingbar: Die wichtigste Pflicht eines jeden Züchters ist die Erhaltung der Lebenstüchtigkeit der Rasse. Um dieser mehr als berechtigten Forderung nachzuleben, muß sich der

Züchter, bevor er mit der Zucht beginnt und auch ständig nachher, das notwendige Wissen erwerben und laufend vervollständigen. Der Züchter muß die Entwicklungsgeschichte seiner Rasse genau kennen, die Vererbungslehre muß ihm in allen Teilen geläufig sein. Er muß über die bei jeder Rasse vorkommenden vererbbaren Krankheiten oder Abnormitäten wie Taubheit, Blindheit, Brust- oder Rutendeformationen, Gebißfehler, Veränderungen der Haarstruktur u.a. genau Bescheid wissen. Dank dem heutigen hohen Stand der veterinärmedizinischen Wissenschaft steht dem Züchter nicht nur eine ausgezeichnete Literatur zur Verfügung, auch die in allen Ländern durchgeführten Fachtagungen vermitteln dem Züchter das erforderliche Wissen. Die Zucht- und Wurfbestimmungen der Rasseklubs wie auch der Landesverbände geben außerdem genau Aufschluß über die zwingenden Voraussetzungen für die Zucht.

Die Verantwortung des Züchters endet aber nicht mit dem Verkauf des Welpen. Eine seriöse Beratung des Käufers bei der Auswahl seines Welpen und die Beratung des neuen Hundebesitzers ein Hundeleben lang gehören zu den Pflichten eines guten Züchters.

Der seriöse Züchter wird sich vor dem Verkauf seiner Welpen informieren, wohin die Hunde kommen, ob am neuen Platz die notwendigen Voraussetzungen für eine Hundehaltung gegeben ist. Daß der Züchter den Käufer, vor allem dann, wenn es sich um den ersten Hund handelt, genau über alle Vor- und Nachteile der Hundehaltung informiert, müßte eigentlich selbstverständlich sein. Sonderfälle beim Verkauf wie Zuchtrecht, Deckerlaubnis, Vorkaufsrecht bei einem allfälligen Verkauf des Tieres bei Todesfall oder Krankheit des Halters, sind unbedingt in einem schriftlichen Vertrag zu regeln.

Profunde Kenntnisse der Vererbungslehre habe ich bereits angesprochen, die richtige Auswahl bei einer Paarung ist von allergrößter Wichtigkeit. Eine Paarung Ausstellungssieger × Ausstellungssieger bietet keine Gewähr dafür, daß im betreffenden Wurf nur Spitzentiere fallen, Überraschungen und Enttäuschungen sind in einem solchen Falle keineswegs ausgeschlossen. In das gleiche Kapitel gehört das Experimentieren mit Spitzentieren. Es braucht eine langjährige und große züchterische Erfahrung, damit ein solches Experiment auch wirklich erfolgreich ist und daß nicht zwei oder drei Generationen später Rückschläge auftreten, welche dann nur schwer wieder auszumerzen sind (Farbtafel Seite 27).

Einen eventuell auftretenden und im ersten Moment unerklärlichen Erbfehler zu verheimlichen, dient der Zucht der betreffenden Rasse überhaupt nicht. Hier ist es Pflicht des verantwortungsvollen Züchters, so rasch als möglich nach den Ursachen zu forschen und die beteiligten Hunde vorerst einmal aus der Zucht herauszunehmen. Ein Meinungsaustausch mit einem erfahrenen Züchter oder einem Genetiker ist in einem solchen Falle durchaus zu empfehlen.

Hundezucht, richtig betrieben, bringt viel Freude. Es ist aber ein verantwortungsvolles Hobby, das viel Zeitaufwand und auch Verzicht auf andere Dinge voraussetzt; das große Geld läßt sich damit nicht verdienen. Selbst bei der Zucht einer kleinen Rasse ist eine entsprechend großzügige Zwingeranlage notwendig. Bezüglich der Mindestgröße einer Zwingeranlage erkundigen Sie sich beim zuständigen Rasseklub bzw. Landesverband.

Der Züchter muß bereit sein, viel Zeit für die Betreuung der Mutterhündin und der Welpen aufzubringen. Namhafte Verhaltensforscher und Tierpsychologen verweisen mit Recht auf die entscheidende sogenannte Prägungsphase, d.h. die Welpen müssen in ihren ersten 10–12 Lebenswochen viel Körperkontakt zum Menschen haben, das Spielen in der großräumigen Auslaufanlage allein genügt nicht. Jeder Welpe sollte täglich einzeln vom Züchter oder einem Familienangehörigen – nicht aber von kleinen Kindern – herausgenommen werden um mit ihm zu spielen (Farbtafel Seite 28).

Wenn hier von Zucht geschrieben wird, so meine ich damit die Zucht mit rassereinen Hunden, also Hündinnen und Rüden mit anerkannten Abstammungspapieren. Dies bedingt, daß sowohl Hündin wie Rüde in ihren Papieren den Vermerk »Zuchttauglich«, »zur Zucht zugelassen« oder »Angekört« eingetragen haben. Der erstmalige Züchter muß ferner, möglichst bevor der Wurf erfolgt ist, bei dem für ihn zuständigen Stammbuchamt einen von der FCI geschützten Zwingernamen beantragen (Adressen siehe Anhang).

Die Zuchthündin

Maßgebend für die Zucht ist – nebst den bereits erwähnten Bedingungen bezüglich Zwingeranlage – in erster Linie die geeignete Zuchthündin. Gemeint ist eine gesunde, wesensstarke, korrekt gebaute, untadelig im Exterieur und Haarkleid, als zuchttauglich anerkannte Hündin. Nur wer mit erstklassigen Hündinnen züchtet, kann auf die Dauer Erfolg haben. Da jeder Wurf und das anschließende Aufziehen der Welpen für eine Hündin eine körperlich anstrengende Zeit bedeutet, bestehen für die Zuchthündinnen entsprechende Schutzvorschriften. So darf keinesfalls die Hündin bei ihrer ersten Hitze gedeckt werden. Eine Dachshündin sollte frühestens bei ihrer zweiten Hitze gedeckt werden, keinesfalls aber vor der Vollendung ihres 18. Lebensmonats (CH) resp. 15. Lebensmonat (D). Als weitere Schutzmaßnahme für die Hündin gilt, von Land zu Land etwas unterschiedlich, die Beschränkung der Belegung. So darf z.B. in der Schweiz pro Jahr mit der gleichen Hündin nur ein Wurf gezüchtet werden. Auch sollte eine Hündin nicht mehr Welpen aufziehen, als es ihre Kondition zuläßt. Normalerweise wird eine Hündin ab einem Alter von 8 Jahren nicht mehr zur Zucht eingesetzt.

Wer sich intensiv mit der Zucht befaßt und es nicht bei 1–2 Würfen belassen will, kommt nicht darum herum, mehrere Zuchthündinnen zu halten. Um dieses Ziel zu erreichen, gibt es verschiedene Möglichkeiten: Sie behalten aus einem Wurf eine oder zwei vielversprechende Hündinnen und setzen diese später für die Zucht ein oder Sie kaufen sich passende Hündinnen im zuchtfähigen Alter. Prüfen Sie aber genau, was sie kaufen wollen! Sie haben auch noch die Möglichkeit, mittels einem Zuchtrechtvertrag eine Hündin in Ihre Zucht mit einzubeziehen. Die Möglichkeit der künstlichen Besamung im Rahmen des Internationalen Zuchtrechtes der FCI möchte ich ebenfalls noch erwähnen.

Der Deckrüde

Im Gegensatz zur Zuchthündin wird der Zuchtrüde meist uneingeschränkt eingesetzt, und es können so pro Jahr eine Vielzahl von Würfen entstehen. Es ist aber falsch, wenn wir einen Rüden einsetzen nur weil er ein Champion ist, ein Spitzenrüde und eine schlechte Hündin werden nie die gestellten Erwartungen erfüllen. Bei der Wahl des Deckrüden muß der Züchter sehr kritisch sein. Die Kontrolle der Abstammungspapiere auf möglichst viele Generationen zurück, wie aber auch ein kritischer Blick auf den vorhandenen Nachwuchs dieses Rüden, bewahrt Sie vor Enttäuschungen oder gar empfindlichen Rückschlägen in Ihrer Zucht.

Im Gegensatz zur Zuchthündin endet beim Rüden das zuchtfähige Alter nicht bei 8 Jahren, es liegt in der Regel bei ca. 10 Jahren, wobei natürlich die Vitalität und die Gesundheit ausschlaggebend sind.

5. Kauf eines Hundes

Grundsätzlich muß man sich bewußt sein: der Hund ist ein Lebewesen, er ist ein ursprüngliches Meutetier, das man nicht sich allein überlassen kann. Der Hund eignet sich denn auch schlecht als Geschenk, es sei denn, der zu Beschenkende hat schon früher einen Hund besessen und kennt sich somit in der Hundehaltung aus. Mit dem Kauf allein ist es nicht getan, die Haltung eines Hundes verlangt viel Zeit und dies während vielen Jahren. Es entstehen Kosten – nicht allein für das Futter: die jährlich wiederkehrende Hundetaxe, die Impfungen, Besuche beim Tierarzt, ein ev. Aufenthalt im Tierheim während den Ferien oder bei Krankheit oder Unfall, womit einige der Wichtigsten genannt sind. Den Zeitaufwand möchte ich über die Kosten stellen, jeder Hund, ob groß oder klein, muß täglich ausgeführt werden und damit meine ich nicht das »Gassigehen«, sondern die tägliche Bewegung von mind. 1–2 Stunden, und dies bei jedem Wetter und zu jeder Jahreszeit. Vor allem in der ersten Zeit, wenn ein Welpe ins Haus kommt, muß dieser in kurzen Zeitintervallen vom frühen Morgen bis in den späten Abend hinein ausgeführt werden.

Bevor man sich für die erstmalige Anschaffung eines Hundes definitiv entscheidet, müssen alle nachfolgenden Fragen mit einem deutlichen JA beantwortet werden: Bin ich bereit einen Hund in meine Wohnung/Haus aufzunehmen? Falls ich Mieter bin, ist Hundehaltung überhaupt gestattet? Verfüge ich über genügend Zeit um mich mit dem Hund richtig abzugeben? Da der Hund bekanntlich nicht überall hin mitgenommen werden kann, bin ich bereit auf einige bisherige Freiheiten zu verzichten? Habe ich eine tierliebende, vertrauenswürdige Person welche meinen Hund kurzfristig (Krankheit, Unfall o.ä.) betreuen kann?

Rüde oder Hündin?

War die Antwort jedesmal JA, so kommt die Frage: Rüde oder Hündin? Rüden sind in der Regel von ihrem Körperbau her kräftiger und robuster. Anhänglich und verträglich sind beide. Bei der Hündin muß man die jedes Jahr 1–2 mal wiederkehrende Zeit der Hitze, Dauer ca. 21 Tage, kritische Zeit zwischen dem 11. und 16. Tag, in Kauf nehmen.

Die Hündin muß zu dieser Zeit genau kontrolliert werden und darf keinesfalls frei und unbeaufsichtigt laufen gelassen werden. Während diesen 3 Wochen sollte der Ausgehplan zeitlich und eventuell örtlich etwas geändert werden, d.h. man wählt ein Zeit zu der nicht alle Besitzer ihre Hunde ausführen und nach Möglichkeit einen Ort, wo üblicherweise wenige Hunde anzutreffen sind. Wird Ihr Hund arg von Rüden bedrängt, nehmen Sie ihren Hund auf den Arm und tragen ihn aus dem Blickfeld des Rüden.

Beim Rüden selbst haben wir die Hitze nicht, dafür aber den Drang, der hitzigen Hündin – ob groß oder klein – zu folgen und sich dabei oft recht weit vom Wohnort zu entfernen. Das unbeaufsichtigte Laufenlassen der Rüden birgt auch in diesem Zusammenhang Gefahren in sich, dazu kommt noch, daß der Gehorsam beim »verliebten« Rüden zu wünschen übrig läßt. Ein weiteres, in gewissen Situationen sehr unangenehmes Verhalten des Rüden ist sein Drang überall zu markieren, d.h. das Hinterbein zu heben. Im Freien ist dies nicht schlimm, dafür umsomehr in Gebäuden, Wohnzimmern oder Gaststätten. Zur Zucht braucht es Rüden und gute Deckrüden aus guter Abstammung und/oder mit Leistungs- resp. Schönheitsnachweis, sind immer gesucht. Aber auch bei der Verwendung als Deckrüde sind die Vorschriften der einschlägigen Zuchtbestimmungen einzuhalten.

Falls Ihre Wahl auf eine Hündin fällt in der Absicht mit dieser zu züchten, so erkundigen Sie sich rechtzeitig beim Zuchtwart/in des Rasseklubs Ihres Landes (s/Adressen im Anhang) bezüglich den einzuhaltenden Zuchtbestimmungen.

Kastration der Hündin

Die Frage der Kastration tritt immer wieder auf. Kastration ist immer ein operativer Eingriff, der Entscheid dazu kann nur im Gespräch mit dem Tierarzt gefällt werden. Nach einer Kastration wird die Hündin nicht mehr läufig, auch die Gefahr der Scheinträchtigkeit wird damit behoben.

Nebenerscheinungen einer Kastration können Gewichtsprobleme oder Veränderung der Struktur des Haarkleides sein. Beim Auftreten von Tumoren wie Gebärmuttertumor oder Eierstocktumor wird eine Kastration nicht zu umgehen sein. In diesem Zusammenhang sei noch darauf hingewiesen, daß die immer wieder gestellte Frage »Ist es für eine Hündin wichtig, daß sie einmal gedeckt wird und Junge aufzieht« mit einem deutlichen Nein zu beantworten ist.

Haben Sie sich nun definitiv für den Kauf eines Dachshund-Welpen, seine Haarart und Größe im ausgewachsenen Zustand entschieden, so stellt sich die Frage nach dem weiteren Vorgehen. Grundsätzlich überstürzen Sie den Kauf nicht, ist z.B. der Urlaub schon gebucht, so muß der Kauf um eine gewisse Zeit verschoben werden. Welpen werden in der Regel im Alter von 10–12 Wochen abgegeben. In den darauffolgenden Wochen ist ein intensiver Kontakt zwischen dem Welpen und seinem neuen Besitzer von größter Wichtigkeit. Die Dachshundeklubs der hier schon mehrfach genannten Länder haben alle eine Welpenvermittlungsstelle. Diese Stelle weiß, wo im Moment Würfe vorhanden sind oder wo in Kürze solche erwartet werden. Sie erhalten dort auch eine Liste von bewährten und seriösen Züchtern. Besuchen Sie vor einem Kauf verschiedene Züchter, vergleichen Sie die verschiedenen Zuchtstätten, achten Sie besonders darauf, daß in einem Wurf die Welpen viel Kontakt mit dem Züchter und seiner Familie haben, daß genügend Platz zum Spielen vorhanden ist und vor allem, daß sie nicht sich allein und der Mutterhündin überlassen sind.

Hundekauf ist eine Vertrauenssache, offensichtliche Erbfehler wie hodenlos oder einhodig, Knickrute, lassen sich bereits beim Welpen feststellen. Andere Erbfehler oder Krankheiten können erst zu einem späteren Zeitpunkt auftreten. Es gibt heute vielfach gute schriftliche Kaufverträge welche auch event. später auftretende Mängel beinhalten. Verlangen Sie deshalb einen solchen Vertrag, lesen diesen aber vorher in aller Ruhe genau durch. Die Abstammungsurkunde und der Impfpaß müssen Ihnen seitens des Züchters bei der Übergabe des Welpen ausgehändigt werden. Kontrollieren Sie sofort ob seitens des Züchters alle zwingenden Impfungen gemacht worden sind. Wenn Sie den Welpen mit dem Auto beim Züchter abholen, so müssen Sie den Hund an das Autofahren gewöhnen, legen Sie deshalb auf seiner ersten Fahrt und anfänglich auch bei späteren Fahrten gezielte Pausen ein um den Hund ausführen. Es gibt Hunde welche das Autofahren schlecht ertragen, in einem solchen, eher seltenen Fall, holen Sie Rat beim Tierarzt.

Der alte Hund

Die oft gehörte Redewendung, das Hundealter ist gleich dem Menschenalter, d.h. 1 Hundejahr = 7 Menschenjahre, mag ungefähr zutreffen, darf aber nicht allzu ernst genommen werden. Das Leben eines Haustieres ist allgemein, von ganz wenigen Ausnahmen abgesehen, relativ kurz. Es ist noch nicht allzu lange her, daß die Jäger das Leben ihrer Hunde wie folgt einstuf-ten: 3 Jahre ein junger Hund, drei Jahre ein guter Hund und 3 Jahre ein alter Hund, wobei mit dem »guten Hund« der jagdlich hervorragende Hund gemeint war. Nachdem nun aber in den vergangenen Jahren sowohl die Hundehaltung wie die Ernährung dem Trend der Zeit gefolgt sind, hat auch die Lebenserwartung zugenommen. Diese vorher zitierte alte Faustregel würde ich heute mit: 3 Jahre ein junger Hund, 5 Jahre ein guter Hund und 4 Jahre ein alter Hund, als eher zutreffend bezeichnen. Man kommt so auf eine realistische Lebenserwartung von 12–14 Jahren, wobei diese Zahl nach oben wie nach unten variieren kann. Jeder Halter soll daher die Möglichkeiten nutzen, seinem Hund nebst einer tiergerechten und dem zunehmenden Alter angepaßten Ernährung auch viel Bewegung im Freien zu bieten. Vor allem unsere Stadthunde, welche sehr unter den Autoabgasen und der sowieso nicht hervorragenden Stadtluft zu leiden haben, benötigen einen regelmäßigen Aufenthalt in der freien Natur. Nachdem bekanntlich der Hund, nicht zuletzt dank der Pflicht der Tollwut-Schutzimpfungen, regelmäßig dem Tierarzt vorgeführt werden muß, so wird dieser sicher gleichzeitig den Allgemeinzustand kontrollieren und Ihnen allfällige Verhaltensmaßnahmen mit auf den Weg geben.

Das Ableben eines treuen Hundes nach einem verhältnismäßig kurzen gemeinsamen Lebensweg, wie überhaupt das Ableben eines in der Familie gehaltenen Haustieres, bringt immer Leid.

Einmal jedoch heißt es endgültig Abschied zu nehmen, oft kommt dieser Tag ganz plötzlich und unvorbereitet. Oftmals aber, vor allem beim alten Hund, treten fortschreitende Krankheitssymptome auf oder das Verhalten weist auf zunehmende Altersschwächen hin. Es können aber auch schwerwiegende Umstände sein, denen gegenüber man sich nicht passiv verhalten darf. Ist Ihr Hund unheilbar krank oder hat er eine Verletzung erlitten, deren Behandlung kaum möglich ist oder voraussehbare Schäden bleiben, welche dem Hund später große Schmerzen verursachen, so wird man kaum um die Zustimmung des Einschläfern herumkommen. Dieser letzte medizinische Eingriff beim Hund wird der Tierarzt äußerst human ausführen und der Hund wird dabei weder Schmerzen noch Angstzustände auszustehen haben. Ich bin der Ansicht, daß der Besitzer bei diesem letzten Weg dabei sein soll, nicht nur aus Pietät sondern auch aus Dankbarkeit gegenüber dem Hund für die vielen schönen und frohen Stunden, die er in den verflossenen Jahren gebracht hat.

Mit 17 Jahren konnte sich der kurzhaarige Dachshund Marius immer noch recht gut bewegen, und er schien das Leben noch durchaus zu genießen.

6. Krankheiten

Erste Anzeichen, daß bei Ihrem Hund etwas nicht mehr ganz stimmt sind: mangelnde Freßlust, vermehrtes Verlangen nach Flüssigkeit, apathisches Verhalten, getrübte Augen und auch stumpfes Fell. Die Beschaffenheit und das Aussehen des Felles verrät viel über das allgemeine Befinden eines Hundes.

Allzu häufiges und intensives Kratzen muß nicht unbedingt die Ursache des Befalls von Parasiten wie Flöhe und Zecken sein, Ekzeme oder Allergien sind ebenfalls möglich. Ein vermehrtes und intensives Kratzen an den Ohren darf keinesfalls ignoriert werden, es kann ein Anzeichen für den »Ohrenzwang«, eine Entzündung des äußeren Gehörganges, sein, langhaarige Hunde sind davon eher betroffen als die Kurzhaarigen. Das Herumrutschen des Hundes auf seinem Hinterteil ist meist ein Anzeichen dafür, daß die Analbeutel entzündet oder verstopft sind. Wird dieses Herumrutschen zu einer täglichen Erscheinung, so sollte unbedingt der Tierarzt konsultiert werden (Farbtafel Seite 41).

Erbrechen

Das Erbrechen ist in der Regel beim Hund harmlos und hat meist seine Ursache im hastigen Fressen oder Verschlingen von etwas Schwerverdaulichem. Ein wiederholtes Erbrechen oder gleichzeitiges Auftreten von Fieber lassen auf eine ernsthafte gesundheitliche Störung (ev. Vergiftung) schließen, eine wirksame Hilfe dürfte hier nur eine tierärztliche Untersuchung bringen.

Durchfall

Daß ab und zu auch Durchfall auftritt, damit muß gerechnet werden. Die Ursache liegt in der Regel in der Zusammensetzung der Nahrung, so sind es vor allem Innereien welche nicht alle Hunde ertragen, es kann aber auch zu reichlich Milch oder zu kaltes Wasser sein, dies alles kann zu Durchfall führen. Meist genügen stark verdünnter Schwarztee und etwas leichte Diätnahrung wie Reis, Reis- oder Haferschleim, gekochtes Geflügelfleisch, in jedem Fall aber genügend Flüssigkeit, um den entstandenen Wasserverlust auszugleichen.

Fieber

Wie auch beim Menschen, dient beim Hund als wesentlichstes Hilfsmittel zur Beurteilung des Zustandes der Erkrankung, die Feststellung der inneren Körpertemperatur sowie auch der Atmungsbewegung und der Pulsfrequenz. Zur Abnahme der Körperinnentemperatur führt man das an seinem Ende angefeuchtete oder mit Vaseline gleitfähig gemachte Fieberthermometer vorsichtig möglichst tief in den After ein. Um zu verhindern, daß der Hund durch

Wedeln mit seiner Rute den Vorgang stört, hält man diese fest. Die Prozedur dauert 2–3 Minuten, die normale Mastdarmtemperatur beim Dachshund liegt zwischen 37.9 bis 38.7°, im Schnitt also bei 38.4°. Temperaturen über 39.0° bedeuten Fieber. Der momentane Zustand des Hundes z.B. Hitze, Trächtigkeit usw. ist entsprechend zu berücksichtigen.

Beim ausgewachsenen Hund beträgt die normale Atemfrequenz 10–30, die normale Pulsfrequenz 80–120 Schläge je Minute. Die Pulsbetastung erfolgt am besten an der Schenkelinnenfläche an der Arterie des Oberschenkels.

Fieberthermometer für Hunde können Sie bei Ihrem Tierarzt oder im Fachgeschäft kaufen.

Eingeben von Medizin

Vom Menschen wie auch vom Hund werden gewisse Medikamente gerne genommen, andere hingegen nur unter einem gewissen

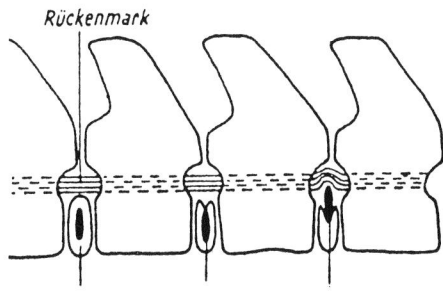

Von links nach rechts: Bandscheibe mit Kern, gerissener Faserring, vorgefallener Bandscheibenkern.

Zwang. Der Hund sollte bei der Eingabe mit Vorteil sitzen oder liegen, am besten nimmt man ihn auf den Schoß. Nun legt man die linke Hand über den Fang, drückt die Kinnladen auseinander und legt die Tablette möglichst weit hinten auf die Zunge. Dann wird der Fang geschlossen und mit einem leichten Druck zugehalten, die Kehle leicht massiert, bis die Tablette geschluckt ist. Flüssigkeit wird bei leicht gehobenem Kopf löffelweise eingegeben.

Die Dackellähmung

(Dr. med.vet. F. Gutbrod Nbg.)

Hier handelt es sich um die heimtückigste Krankheit welche den Dachshund befallen kann. Die Dackellähme beginnt mit plötzlichen Schmerzen im Hals oder Rücken. Ehe man sich versieht, kann eine Lähmung eintreten. Wie kann es zu so einer Erkrankung kommen? Dazu muß man wissen, wie die Wirbelsäule aufgebaut ist. Die einzelnen Wirbelkörper sind untereinander durch Bandscheiben verbunden. Eine Bandscheibe besteht aus einem bindegewebigen Ring und einem gallertigen Kern. Wird nun aufgrund einer Entwicklungsstörung Kalk in den gallertigen Kern eingelagert, so verliert die Bandscheibe die notwendige Elastizität. Es kommt dann bei niedrigen und langrückigen Hunden wie dem Dachshund leicht zur Überbeanspruchung bei der Bewegung im Gelände oder beim Laufen über Treppen. Wie leicht kann dabei die Bandscheibe auf das direkt darüberliegende Rückenmark zuwandern.

In leichteren Fällen, meist zu Beginn einer Bandscheibenerkrankung, wird der harte Kern in den bindegewebigen Ring gedrückt. Teile des Bandapparates bleiben noch erhalten. Reißen auch diese, schiebt sich Bandscheibenmaterial in den Wirbelkanal vor. In besonderen Fällen, wenn der Bindegewebering bei maximaler Belastung reißt, wird der Bandscheibenkern schrotschußartig auf das Rückenmark katapultiert.

Je nach dem, wo der Bandscheibenvorfall stattfindet, sehen wir ein unterschiedliches Bild. Erkrankungen an der Halswirbelsäule sind sehr schmerzhaft. Allein die Berührung läßt den Hund aufschreien. Jede Bewegung der Halswirbelsäule ist mit großen Qualen verbunden.

Liegt der Bandscheibenvorfall am Ende der Lendenwirbelsäule, können wir ein einseitiges Hinken beobachten, wobei Schmerzäußerungen nur durch seitlichen Druck auf die hintere Wirbelsäule ausgelöst werden können.
Am Übergang Brustwirbelsäule/Lendenwirbelsäule treten Bandscheibenvorfälle am häufigsten auf, weil hier die größte Beanspruchung stattfindet. Am Anfang sieht man Bewegungsunlust und einen Katzenbuckel, später schwankenden Gang und Lähmung.

Bandscheibenvorfälle sind bei der Rasse »Dachshund« so häufig, daß sie der Erkrankung den Namen gegeben hat – sie ist als Dackellähme allgemein bekannt.

Als Begründung für den hohen Befallsgrad bei dieser Rasse werden viele Punkte genannt:
1. Dachshunde sind Hauptvertreter der chondrodystrophen Rassen, dies bedeutet ihr Knorpel wird nicht richtig aufgebaut, so daß er im Innern der Bandscheibe nicht die richtige Stoßdämpferfunktion erfüllen kann.
2. Dachshunde haben einen verhältnismäßig langen Körper, so daß die Wirbelsäule bei der Bewegung einer starken Biegebelastung ausgesetzt ist. Die Bandscheiben werden beim Laufen viel stärker belastet.
3. Dachshunde sind niedrigläufige Hunde, deren Wirbelsäule beim Überwinden kleiner Hindernisse, z.B. beim Treppensteigen, übermäßig beansprucht wird.

In einer Umfrage bei erkrankten und gesunden Dackeln wurde überprüft, inwieweit Haltungsbedingungen das Auftreten der Krankheit beeinflussen. Die Ergebnisse sind zum Teil überraschend. So ist die Erkrankungsrate beim übergewichtigen Hund niedriger, vermutlich weil er sich nicht stark bewegt. Dackel erkranken aber auch weniger, wenn sie regelmäßig Treppen steigen. Offensichtlich ist ein trainierter Körper für die Dackellähme weniger anfällig. Extreme Beanspruchung, wie intensiver Jagdeinsatz und übertriebenes Temperament, erhöhen dagegen die Erkrankungsrate. In bezug auf Fütterung ist auffällig, daß Hunde leichter erkranken, wenn ihnen regelmäßig zusätzlich Mineralfutter verabreicht wird.

Bei der Auswertung von 360 Krankheitsfällen fanden wir Bandscheibenvorfälle hauptsächlich am Ende der Brustwirbelsäule und am Anfang der Lendenwirbelsäule. Die Erkrankung trat in einem Alter von 2–14 Jahren auf, wobei eine deutliche Häufung von 4–7 Jahren auffiel. Beim jüngeren Hund (bis 7 Jahren) fand der Vorfall fast immer an einer durch Kalkeinlagerung veränderten Bandscheibe statt. Ein derartiger Bandscheibenschaden erhöht deutlich das Risiko für die Erkrankung, besonders wenn er am Ende der Brust oder Anfang der Lendenwirbelsäule auftritt.

Warum aber ist die Neigung zu Bandscheibenvorfällen beim Dachshund so hoch? War-

um verkalken gerade beim Dackel die Bandscheiben? Um Antwort auf diese Fragen zu finden, wurden die Wirbelsäulen von Dachshunden, Schäferhunden, Cockerspaniel und Katzen in alle Richtungen vermessen. Als entscheidendes Ergebnis dieser Untersuchung konnte festgestellt werden, daß die Wirbelsäule bei den verschiedenen Rassen unterschiedlich viel Bandscheibenanteil enthält. So ist sie bei 128 gemessenen Dachshunden mit Bandscheibenerkrankungen aus durchschnittlich 17.42 % aufgebaut, der Rest wird vom Wirbelkörper gebildet. Beim Cockerspaniel besteht sie durchschnittlich nur aus 12.23 % Bandscheibe und beim Schäferhund wurden gar nur 11.95 % gemessen. Bei Katzen liegen extrem niedrige Werte vor. Als Vergleich wurde bei 22 Dachshunden ohne Bandscheibenerkrankung die Wirbelsäule ausgewertet Der Durchschnitt lag hier bei 16.33 %. Diese Zahlen zeigen, daß das Risiko für eine Bandscheibenerkrankung sinkt, wenn der Bandscheibenanteil am Aufbau der Wirbelsäule abnimmt.

Was kann gegen diese Krankheit getan werden?

Zuerst rufen wir uns noch einmal kurz in Erinnerung, was an einer erkrankten Bandscheibe abläuft: Der harte Kern wird in den Bindegewebering in Richtung Rückenmark gedrückt. Dabei reißt das Band zwischen Rückenmark und Kern ein. Wie bei jeder anderen Verletzung im Körper entsteht auch hier eine Blutung, verbunden mit einer Schwellung. Die Schwellung verstärkt den Druck auf das Rückenmark.

Jede Behandlung mit Injektionen bzw. Medikamenten hat zum Ziel, diese Schwellung möglichst gering zu halten und die Schmerzen zu mindern bzw. zu beseitigen. Spricht diese Behandlung an, fühlt sich der Patient rasch wieder wohl. Allerdings birgt diese Behandlung eine gewisse Gefahr. Nur zu leicht kann durch eine unachtsame Bewegung das geschädigte Band ganz abreissen und die Bandscheibe vollständig in den Rückenmarkkanal vorfallen. Will man das Übel an der Wurzel packen und die Ursache ein für allemal beseitigen, so bleibt nur der chirurgische Eingriff. Dabei werden die Bandscheiben von unten her eröffnet und der veränderte Kern herausgelöffelt. Nach der Operation ist keine Ruhestellung notwendig, da jede Bewegung Bandscheibenreste durch die unten angelegte Öffnung nach außen massiert. Eine Operation bringt nur dann Erfolg, wenn das Nervensystem noch nicht vollständig abgestorben ist. Eine tote Nervenzelle ist leider durch nichts mehr zum Leben zu erwecken.

Eine sorgfältige Diagnose ist angezeigt. Um genau zu wissen, an welcher Stelle der Bandscheibenvorfall stattgefunden hat, muß eine spezielle Röntgenuntersuchung durchgeführt werden, bei der Kontrastmittel in den Rückenmarkkanal gespritzt wird.

Aufgrund dieser wissenschaftlichen Erkenntnisse können folgende Empfehlungen für die Behandlung gegeben werden:

Injektionsbehandlung
bzw. Behandlung mit Medikamenten und Ruhigstellung soweit wie möglich für etwa sechs Wochen; beim ersten Auftreten von Schmerzen sowie bei sehr alten Hunden.

Operative Behandlung,
wenn Injektionsbehandlung keine Besserung

bringt; wenn Schmerzhaftigkeit bereits mehrmals aufgetreten ist und wenn eine Lähmung mit noch vorhandener Sensibilität vorliegt.

Mit Hilfe moderner Kontrastmittel sind genaue Röntgenuntersuchungen des Rückenmarks nahezu gefahrlos möglich. Außerdem senken neue Narkosegase das Operationsrisiko auf fast Null.

Viele Hunde sind bereits sofort nach der Operation schmerzfrei, bei manchen kann es auch bis zu acht Tagen dauern. Gelähmte Hunde können nach 8–14 Tagen meist wieder stehen und nach vier bis acht Wochen in der Regel beschwerdefrei laufen.

Die Infektions-Krankheiten

Staupe

Im Verlauf der Jahre hat, dank der aktiven Schutzimpfungen, die früher sehr gefürchtete Krankheit ihren Schrecken verloren. Die Krankheit befiel vor allem Hunde in ihrem ersten Lebensjahr. Die Krankheit beginnt mit hohem Fieber (über 39.5°) und damit verbundener starker Beeinträchtigung des Allgemeinbefindens. Junge Hunde die von dieser Krankheit befallen werden, haben praktisch keine Ueberlebenschance, beim ausgewachsenen Hund bleiben meist Dauerschäden im Nervensystem zurück.

Hepatitis (Leberentzündung)

Hepatitisviren werden durch den Speichel oder Harn über verseuchte Gegenstände von Hund zu Hund, und dies ungeachtet des Alters, direkt übertragen. Erste Anzeichen sind: Fieber, Entzündungen im Nasen- und Rachenraum, Durchfall und eine schmerzhafte Entzündung der Leber. Bei Hepatitisbefall kann nur eine sofortige tierärztliche Behandlung die Rettung bringen.

Parvovirose (Katzenseuche)

Diese ansteckende Viruserkrankung kennt man beim Hund erst seit ca. 15 Jahren, ihr Erreger ist eng verwandt mit der schon länger bekannten »Katzenseuche«. Übertragen wird das Virus direkt von Hund zu Hund aber auch über mit dem Virus verseuchte Kleidungstücke des Hundehalters. Plötzlich auftretender blutiger Durchfall und starkes Erbrechen sind erste Anzeichen dieser Krankheit, welche sehr rasch fortschreitet und das Allgemeinbefinden beeinträchtigt. Aus diesem Grunde ist die sofortige tierärztliche Betreuung unerläßlich.

Eine aktive Immunisierung gegen Staupe – Hepatitis – Parvovirose bietet einen Schutz gegen die verschiedenen Krankheiten. Da aber eine einmalige Impfung keinen lebenslangen Schutz bieten kann, sind jährliche Nachimpfungen dringend erforderlich.

Tollwut (Rabies)

Die Tollwut ist seit dem frühen Altertum bekannt und hat bis heute, wegen ihrem qualvollen tödlichen Verlauf, nichts an ihrem Schrecken eingebüßt. Die Infektion des Menschen oder Tieres findet zur Hauptsache durch den Biß eines tollwuterkrankten Tieres statt. Dabei gerät das im Speichel des kranken Tieres enthaltene Virus in die Muskulatur und später in das Zentralnervensystem.

Der Seuchenzug der Tollwut nahm 1947/48 vom Osten her seinen Verlauf und überflutete bis anfangs der 70er Jahre fast den gesamten europäischen Raum. Durch gezielte jagdliche Maßnahmen wie auch der Schluckimpfung mittels Köder konnte der Fuchsbestand verhältnismäßig tief gehalten werden. Die Zahl der Tollwutfälle ging rapide zurück aber seit ca. 1985 wird wieder ein markanter Anstieg der Fuchspopulation festgestellt und an Stelle der Tollwut tritt nun vermehrt der Fuchsbandwurm »Echinococcus multiocularis« (s/sep. Abschnitt) auf.

In Europa ist bei der Tollwut die silvatische Verlaufsform vorherrschend. Der Hauptträger dieser Form ist mit ca. 66% der Fuchs. Obwohl der Hund lediglich etwa zu 5% betroffen ist, stellt er trotzdem die Hauptinfektionsstelle für den Menschen dar. Der Grund dafür dürfte der Umstand sein, daß der Hund einen großen Aktionsradius hat und daß Hundebisse meist große oder tiefe Wunden verursachen und somit viel Speichel in die Verletzung gelangt.

Ein mit der Tollwut befallenes Tier, vor allem der Fuchs, verliert seine Scheu und flieht nicht vor Menschen. Jeder Kontakt zwischen einem solchen Tier und einem Hund sollte daher unbedingt vermieden werden, aber auch der Mensch sollte auf keinen Fall ein krankes oder totes Wildtier berühren. Die aktive Schutzimpfung des Hundes gegen Tollwut, welche ihm eine Immunität gegen das Virus verleiht, trägt daher zwangsläufig zum Schutze des Menschen bei. In der Schweiz ist diese Impfung alle 2 Jahre, resp. bei Auslandsreisen alle Jahre, zu wiederholen.

Fuchsbandwurm
Wie vorstehend erwähnt, wurde ein vermehrtes Auftreten des Fuchsbandwurmes in der Schweiz und den Nachbarländern festgestellt. Der Fuchsbandwurm ist ein etwa 3–4 mm langer Bandwurm, der im Dünndarm des Fuchses, selten auch bei Hund und Katze, vorkommt. Mit den im Kot der Bandwurmträger ausgeschiedenen Bandwurmeiern kann sich gelegentlich auch der Mensch infizieren.

Diese Krankheit wird als alveoläre Echinokokkose bezeichnet. Im Menschen befallen die Larvalstadien des Fuchsbandwurmes vorwiegend die Leber. Die erst viele Jahre nach der Infektion auftretenden Krankheitserscheinungen sind nicht typisch, meist Bauchschmerzen und/oder Gelbsucht. Da die Infektion zu schweren Erkrankungen und Todesfällen führen kann, ist Vorsicht angezeigt. Für den Hundehalter heißt dies, Kontakte zwischen Hund und Fuchs möglichst vermeiden. Da aber auch Waldbeeren und Pilze mit ausgeschiedenen Bandwurmeiern behaftet sein können, sollten diese vor dem Verzehr gründlich gewaschen werden.

PRA – Progressive Retina-Athropie
Es ist dies die langsam fortschreitende, erblich bedingte Erkrankung der Netzhaut, die mit der Zeit zur vollständigen Erblindung führen kann. Man kennt zwei Formen der PRA: Die generalisierte Form, hier kann der Hund vollständig erblinden und die zentrale Form, welche nicht in jedem Fall zur völligen Blindheit führen muß. Besitzer, deren Hunde frühzeitig erblinden, sollten ihre Hunde im Interesse einer von Erbkrankheiten nicht belasteten Zucht untersuchen lassen. Es erkranken nur Hunde, deren beide Elternteile Genträger dieser Augenkrankheit sind.

In jüngster Zeit in Deutschland wie Frankreich auf breiter Basis durchgeführte Untersuchungen über die PRA beim Dachshund haben gezeigt, daß diese Krankheit bei dieser Rasse glücklicherweise (noch) selten auftritt.

Leptospirose (Bakterielle Nierenentzündung)
Diese Infektionskrankheit, auch Stuttgarter Seuche genannt, wird durch verschiedene Leptospiren übertragen, meist durch den Urin von erkrankten Hunden.
Anzeichen für den Befall dieser Krankheit sind: Fieber, Apathie, Vermeiden von viel Bewegung, Appetitlosigkeit, Bauch- und Nierenschmerzen sowie sich in leichtes Gelb Verfärben der Zunge.
Behandlung durch den Tierarzt ist unumgänglich. Dank moderner Impfstoffe und der regelmäßigen aktiven Schutzimpfung ist diese Krankheit ziemlich selten geworden. Achtung: diese Krankheit ist auch auf den Menschen übertragbar.

Nierenentzündung
Man unterscheidet hier in eine chronische und eine akute Entzündung.
Die chronische Form ist eine weiterverbreitete Krankheit, ihre Anzeichen sind: ein gesteigertes Durstgefühl, oftmals gekrümmter Rücken, Wassersucht und auch Bildung von Ekzemen. Die akute Form hat ähnliche Anzeigen, dazu kommt noch eine erhöhte Urinabgabe wobei der Urin, im Gegensatz zur chronischen Form, eine dunkle Farbe zeigt und u.U. mit Blut durchsetzt sein kann, ebenfalls kann gleichzeitig Fieber auftreten.
In beiden Fällen sollte unbedingt der Tierarzt konsultiert werden.

Darmparasiten

Besteht der Verdacht, daß der Hund »Würmer« hat, so sollte raschmöglichst durch den Tierarzt eine Kotprobe gemacht werden.
Beim Hund unterscheidet man vier Arten von Würmern; Spulwürmer, Hakenwürmer, Peitschenwürmer und Bandwürmer.

Spulwurm: Tritt auf häufigsten beim Junghund (Welpen) auf. Diese Wurmart entwickelt sich im Magen-Darm-System und die Welpen erbrechen oftmals diese spaghettiartigen Parasiten.

Hakenwurm: Dieser Darmparasit hat eine Länge von ca. 1 mm und ist daher von bloßem Auge kaum feststellbar. Auch hier ist es vor allem der Welpe der von diesem Wurm heimgesucht wird. Blutiger Durchfall, Abmagerung sind Anzeichen für den Befall.

Peitschenwurm: Der Peitschenwurm ist dünn und hat eine Länge von ca. 4–7 mm. Die Aufnahme der Eier (Larven) dieses Parasiten kann durch Kotfressen oder Beschnuppern/Fressen von verseuchtem Gras an vielfrequentierten Versäuberungsplätzen, vor allem in den Städten, erfolgen. Anzeichen für den Befall sind: ein dunkel gefärbter, blutiger Durchfall, Leibkrämpfe, Abmagerung.

Bandwurm: Es gibt mehrere Arten von Bandwürmern welche alle im Dünndarm leben. Ihr Vorhandensein wird meist erst bei starkem Befall bemerkt, die Anzeichen dafür sind: Abmagerung trotz guter Fütterung, Afterrutschen, starkes Lecken am After infolge des Reizes durch die abwandernden Bandwurmglieder.

Der Bandwurm wird durch sogenannte Zwischenwirte aufgenommen und übertragen, so z.B. Hundefloh, Schaf, Rind, Hase/Kaninchen. Im Zwischenwirt entstehen dann die blasenartigen Bandwurmfinnen in den verschiedenen Organen. Nimmt ein Hund in seiner Nahrung solche lebenden Finnen roh auf, bildet sich in seinem Darm der Bandwurm aus. Der Mensch kann dadurch angesteckt werden, indem er die Eier beim Streicheln usw. eines befallenen Hundes aufnimmt.

Da für Menschen, vor allem Kinder, die Gefahr besteht, ebenfalls von der Aufnahme dieser Darm-Parasiten befallen zu werden, ist größte Aufmerksamkeit und Vorsicht beim Kontakt mit dem Hund angezeigt.

Vergiftungen

Beim Hund sind Vergiftungen eher selten. Vergiftungen können eintreten, wenn der Hund im Freien irgend einen Giftstoff gegen Ungeziefer aufgenommen hat oder aber, was glücklicherweise selten vorkommt, bewußt Giftstoffe in Fleischbrocken o.ä., zum Beispiel Meta-Tabletten, ausgelegt wurden. Anzeichen für eine Vergiftung sind: starker Speichelfluss, Erbrechen, Durchfall, Krämpfe oder Lähmungserscheinungen. Da der Halter in den wenigsten Fällen eindeutig die Aufnahme von Gift feststellen kann, ist beim Auftreten der vorerwähnten Symptome die sofortige tierärztliche Konsultation notwendig.

Zecke (Holzbock)

Die Zecken sind in der Zeit vom Frühjahr bis zum Herbst aktiv. Es gibt Regionen in denen sie stark auftreten und Regionen wo sie eher selten sind. Die Zecke hält sich vor allem im Unterwuchs des Waldes, in Gebüschen oder hohem Gras auf, über ihren Geruchssinn nimmt sie ihr Opfer wahr und läßt sich auf dieses fal-

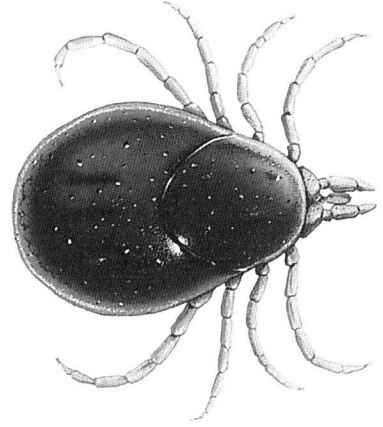

So sieht sie aus: die Zecke.
Der Körper ist flach. Er kann beim Blutsaugen aber stark anschwellen.
Die Vorderbeine tragen je ein Geruchsorgan.
Die Kieferfühler bilden mit anderen Fortsätzen des Kopfes ein Stechsaugorgan mit Widerhaken.
Das unterscheidet Zecken von Insekten: Erwachsene Zecken haben vier Beinpaare, Insekten nur drei.

len. Männchen und Weibchen, in allen Entwicklungsstadien, sind Blutsauger. Für den Hund sind die Zecken normalerweise kaum gefährlich, sie sind lediglich lästig durch den von ihnen verursachten Juckreiz und das Anschwellen der Bißstelle. Eine vollgesaugte Zecke, die gut die Größe einer Erbse erreichen kann, fällt von selbst ab. Nach einem Spaziergang durch Wald und Flur resp. nach einer Pirsch oder Nachsuche, sollte das Fell des Hundes abgetastet werden. Findet man Zecken, so sollten diese mittels der Zeckenzange (im Fachhandel erhältlich) sorgfältig entfernt werden, wichtig ist dabei, daß der Kopf der Zecke nicht in der Haut zurückbleibt. Nach dem Entfernen sollte die Stichstelle desinfiziert werden. Als vorbeugende Maßnahmen sind zu erwähnen: das Zeckenhalsband, der Zeckenspray sowie auch Puder.

Seit kurzem ist auf dem Schweizer Markt ein Produkt erhältlich, das einen wirklichen Schutz gegen die Zecken bietet. Pulvex spot ist eine Insektizid-Lösung, welche an einer Stelle auf die Haut des Hundes aufgetragen wird und in diese eindringt. Es zeigt keinerlei Nebenwirkungen. Erhältlich beim Tierarzt.

Beim Menschen besteht die Gefahr von schweren Erkrankungen durch Zeckenbiß. Eine starke Rötung verbunden mit Schwellung der Bißstelle, rheumatische Schmerzen verbunden mit hohem Fieber sind die Symptome der Erkrankung. Konsultation beim Arzt ist dringend notwendig.

Es gibt für Menschen auch eine Schutzimpfung gegen Zeckenbiß. Gutes Schuhwerk und durch Kleidungsstücke gut bedeckte Füße und Beine bieten schon einen guten vorbeugenden Schutz.

Ein aktuelles Problem auf dem Gebiet der durch Zecken hervorgerufenen Krankheiten ist die Hunde-Piroplasmose. Erstmals wurde diese Erkrankung anfangs dieses Jahrhunderts im französischen Mittelmeerraum nachgewiesen. Während Jahrzehnten blieb sie dort stationär, nun aber greift sie auch auf weitere europäische Länder über. Die Piroplasmose des Hundes (auch Babesiose genannt) ist eine durch den Parasiten »Babesia canis« hervorgerufene Erkrankung.

Die Ansteckung des Hundes erfolgt durch einen Zeckenbiß. Der durch Zecken übertragene Parasit befällt die roten Blutkörper des Hundes. Die an Piroplasmose erkrankten Hunde haben Fieber, sind geschwächt und verlieren ihren Appetit. Da der Parasit die roten Blutkörperchen zerstört, kommt es zum Auftreten einer Blutarmut (Anämie). In akuten Fällen kann der Tod innerhalb von 24–48 Stunden eintreten.

Auch hier ist die beste Vorbeugungsmethode die Impfung gegen die Piroplasmose. Eine Impfung muß vor dem Auftreten der Zecken durchgeführt werden, d.h. Ende Winter – anfangs Frühjahr. Nach der erstmaligen Impfung muß der Tierarzt eine 2. Impfung im Abstand von 3–4 Wochen durchführen.

Als kleine Beruhigung darf noch erwähnt werden, daß die in unseren Regionen am meisten verbreitete Zecke, der Holzbock Ixodes ricinus, die Piroplasmose nicht überträgt.

7. Pflege und Ernährung

Haar: Wenn wir den Dachshund mit bestimmten anderen Hunderassen vergleichen, so ist er eigentlich pflegeleicht, vor allem der Kurzhaar, der ja kaum Schmutz in sein Haarkleid aufnehmen kann. Sowohl beim Rauh- wie beim Langhaar läßt sich der trockene Schmutz gut aus-

bürsten. Der Dachshund sollte auf keinen Fall zu oft gebadet werden, 2–3 mal pro Jahr, in lauwarmem Wasser mit Zugabe von etwas Hunde-Shampoo, genügt vollauf, daß jedoch seine Beine bei Bedarf gewaschen werden müssen, ist selbstverständlich. Da auch Hunde auf Erkältungen anfällig sind, so muß sowohl der regennasse wie der gebadete Hund stets trockengerieben werden. Von Zeit zu Zeit sollte, wenn auch nur prophylaktisch, das Haar mit einem Anti-Flohpulver oder Spray behandelt werden. Sowohl im Frühjahr wie im Spätherbst, nach dem Haarwechsel, muß das Haar gut ausgebürstet werden um dadurch die abgestorbenen Haare zu entfernen. Beim Rauhhaar werden die abgestorbenen Haare auch ausgerupft, für den Hund absolut schmerzlos, da abgestorbene Haare keine Wurzel mehr besitzen. Auf keinen Fall wird das Rauhhaar geschoren, es wird mittels dem Trimm-Messer getrimmt, eine Arbeit welche in jedem Hundesalon ausgeführt wird. Besonders lästig sind auch die Kletten der verblühten Waldmeisterblumen, die sich fest ins Haar verkrallen, hier hilft ein etwas gröberer Kamm.

Zähne: Zahnpflege ist auch beim Hund angezeigt. Hier geht es vor allem darum, die Bildung von Zahnstein auf ein absolutes Minimum zu reduzieren. Die meisten Hunde sind anfällig auf

Zahnstein, davon betroffen sind hauptsächlich die Fangzähne (Canini) und die Prämolaren. Die Bildung von Zahnstein nimmt mit dem Alter zu. Zahnsteinbildung ist stets verbunden mit einem langsam ansteigenden unangenehmen Mundgeruch. Da Süßigkeiten die Bildung von Zahnstein stark fördern, ist hier eine absolute Zurückhaltung geboten. Eine rechtzeitige und regelmäßige Entfernung des Zahnsteines ist die beste Vorbeugungsmaßnahme gegen Erkrankungen des Zahnfleisches und den vorzeitigen Ausfall von Zähnen.

Es empfiehlt sich also in gewissen Zeitabständen, z.B. alle 4 Wochen, die Zähne des Hundes zu putzen. Man tut dies entweder mit einer Zahnbürste, eventuell unter Verwendung einer geschmacklosen Zahnpasta oder mittels einem Lappen und Schlemmkreide. Solange der Zahnstein nur im Ansatz vorhanden ist, genügt meist ein Abkratzen mit dem Fingernagel. Hartnäckiger und verhärteter Zahnstein muß durch den Tierarzt entfernt werden.

Hundekuchen, vor allem am Abend als letzte kleine Mahlzeit verabreicht, kann die Bildung von Zahnstein verzögern. Aber auch Heilerde dem Futter beizumischen gehört zu den vorbeugenden Maßnahmen.

Krallen, Pfoten: Vor allem bei Hunden die sich wenig auf hartem Grund (Beton, Asphalt u.ä.) bewegen, werden oft die Krallen zu lang. Damit der Hund anatomisch richtig mit der Pfote auftreten kann, müssen die Krallen mit der Krallenzange zurückgeschnitten werden. Wer sich dazu nicht traut, läßt diese Arbeit durch den Tierarzt oder im Hundesalon ausführen.

Wichtig ist ganz allgemein die Pflege der Pfoten, beim Lang- wie beim Rauhhaar muß das lange Haar zwischen den Zehen und an den Ballen geschnitten werden. Steinchen, Erdreste und vor allem in Winter der Schnee, bleiben dadurch im langen Haar nicht hängen und behindern den Hund nicht in seiner Bewegung. Das Streusalz im Winter ist ebenfalls eine Plage für den Hund, es empfiehlt sich, vorsorglich die Pfoten mit einer Fettcreme einzureiben und in jedem Fall nach der Rückkehr die Pfoten mit lauwarmen Wasser zu reinigen. Geschieht dies nicht, so leckt der Hund seine Pfoten und nimmt damit Salz und Unrat auf, was zu Magen/Darmstörungen führen kann.

Augen: Die Augen sollten regelmäßig auf Sauberkeit kontrolliert werden. Schleim und Schmutz sind zu entfernen. Im Sommer ist Blütenstaub und Straßenstaub besondere Beachtung zu schenken, mit einem weichen, feuchten Lappen lassen sich die Augen gut reinigen.

Die Ernährung

Trotz des riesigen Angebotes auf dem Markt an Fertigfutter soll hier auf die artgerechte Ernährung des Hundes hingewiesen werden.

Wenn im Alter von 10–12 Wochen der Welpe aus seinem bisherigen Umfeld in ein neues Zuhause kommt, so wird Ihnen der verantwortungsbewußte Züchter für die ersten Wochen und Monate einen Ernährungsplan übergeben. An diesen Plan sollten Sie sich mindestens zu Beginn halten, denn brüske Veränderungen bei der Ernährung können beim Welpen anfänglich oft zu Durchfall o.a. führen.

Der Ernährungs- resp. Zeitplan wie auch die Zusammensetzung des Futters ändern sich im

Verlaufe des 1. Lebensjahres. Anfänglich, d.h. bis etwa dem 4. Lebensmonat, wird 3–4 Mal täglich gefüttert, vorzugsweise um 7/11/15 und 19 Uhr oder 7/12/19 Uhr.

Der junge Dackel und seine Ernährung

Alter Monat	Gewicht kg	Anzahl der Fütterungen pro Tag	Energie- bedarf kJoule
2	2,0	4	1900
4	4,0	3	3000
6	5,5	3	3450
8	6.5	2	3600
12	7,0	2	3050

Nach der konventionellen Art besteht das zu verabreichende Futter aus einem Brei bestehend aus Flüssigkeit, Flocken, Reis oder Grieß, resp. einem Brei aus fein gehacktem Gemüse und Hackfleisch vom Rind. Zum Abschluß des Tages können kleine Kalbsknochen oder Hundekuchen gegeben werden.

So ab dem 4. Monat darf das Futter in einer etwas festeren Form verabreicht werden und ab ca. einem Jahr kann auf zweimaliges Füttern umgestellt werden.

Die Grundnahrung soll aus $2/3$ eiweißhaltigen Substanzen und $1/3$ Kohlenhydrate bestehen.

Fleisch stets zerkleinert oder gehackt, sonst besteht die Gefahr, daß es gierig verschlungen und dann wieder erbrochen wird. Besonders geeignet ist das Fleisch vom Rind, Schaf, Pferd, roh oder gekocht, dann die Innereien, hier muß aber Leber unbedingt gekocht werden. Rohes Schweinefleisch sollte tunlichst nicht verfüttert werden. Beim Schwein kann ein Virus vorkommen der für den Menschen ungefährlich ist, für den Hund aber tödlich sein

kann. Fisch wird auch gerne genommen, wobei diese aber vorher entgrätet werden müssen. Beliebt ist auch Geflügelfleisch, aber hier bitte keine Knochen verfüttern. Die Geflügelknochen splittern leicht und dies kann zu Verletzung von Speiseröhre oder Darm führen. Kohlenhydrate: Getreideflocken, Hirse, Gemüse, Rüben. Da Kohl zu Blähungen führen kann, sollte dieser nicht verabreicht werden. Zur Abwechslung kann auch Hüttenkäse unter das Futter gemischt werden. Hüttenkäse, der in der Regel vom Hund gerne genommen wird, enthält sowohl das wichtige Eiweiß wie auch Kohlenhydrate.

Keine Gewürze verabreichen, keine Tischabfälle füttern. Wird der Napf nicht leer gefressen, diesen wegnehmen und später wieder vorsetzen. Frisches Wasser muss stets in genügender Menge bereitstehen.

Es gibt auch beim Hund unterschiedliche Futterverwerter, was der eine gierig verschlingt, läßt der andere verächtlich stehen. Der Hund soll so gefüttert werden, daß er nicht dick wird, Muskeln ja, aber kein Fett, das Haarkleid soll glänzend, der Blick klar sein, mit einem Wort, er soll sich rundherum hundewohl fühlen.

Fertigfutter wird für alle Altersstufen angeboten. Wichtig ist, daß man sich zuerst aufgrund der Etikette über die Zusammensetzung und Verabreichung des Futters orientiert. Auch Katzenfertigfutter kann problemlos an Hunde verfüttert werden. Ob Fertigfutter oder konventionelle Kost, dieser Entscheid liegt stets im Ermessen des Halters. Es empfiehlt sich aber doch ab und zu Fertigfutter zu verabreichen, denn bei Reisen oder Ferienaufenthalt werden Sie auf Fertigfutter zurückgreifen müssen.

8. Erziehung

Immer und immer wieder hört man, der Dackel lasse sich nicht erziehen. Es ist dies eine Behauptung welche jeder Grundlage entbehrt. Sicher ist der Dachshund oftmals etwas eigensinnig, er ist aber überaus lernfähig und auch lernbegierig. Ein Teckel könnte nie ein brauchbarer Jagdhund sein, wenn er nicht erziehbar wäre. Verwenden Sie für den gleichen Befehl stets das gleiche Wort, nicht einmal so und dann wieder so.

Die Erziehung beginnt im Spiel schon recht früh. Der Junghund muß sich, wenn er vom neuen Besitzer übernommen wurde, erst einmal an den geänderten Tagesablauf und die neue Umwelt gewöhnen. Dazu gehört, daß zu bestimmten Zeiten und stets am gleichen Ort gefüttert wird. Es ist von Vorteil, vor allem in den ersten Wochen und Monaten, daß stets die gleiche Person den Hund füttert. Bei der Verabreichung des Futternapfes sollte der Hund stets mit seinem Namen gerufen werden, er muß sich nun einfach an diesen Namen gewöhnen. Futternapf und Wasserbecken sollten immer am gleichen Platz stehen. Der Hund lernt nur gedächtnismäßig, er hat keine Einsicht über Sinn und Zweck des zu Erlernenden. Es gibt Hunde die lernen nur unter Zwang, der weitaus größere Teil reagiert besser auf Lernen mit Liebe, wobei aber auch hier oftmals ein energisches Zurechtweisen vonnöten ist. Der Hund ist ein Meutetier und muß wissen, wer der Meuteführer ist. Zweck der Ausbildung ist, dem Hund beizubringen, daß er alles dem Menschen, sprich Meuteführer, Unerwünschte unterläßt und nur das vom Menschen Gewünschte ausführt.

Stubenreinheit: Der Hund ist von Natur aus reinlich, normalerweise wird er sein Lager nie beschmutzen, vor allem zu Beginn wenn er vom Zwinger in eine Wohnstätte kommt, muß man ihn aber hierbei unterstützen. Nach dem Füttern führt man ihn unverzüglich hinaus und wiederholt dies während des Tages alle 2–3 Stunden, anfänglich mindestens alle 1–2 Stunden. Im Freien sucht man möglichst immer den gleichen Ort auf, auf Sandboden oder kurz geschnittenem Gras versäubern sich die Hunde am liebsten. Wird der Junghund beim Spielen im Zimmer plötzlich aufgeregt und läuft, mit der Nase am Boden, suchend herum, dann ist dies ein untrügliches Anzeichen, daß er sich versäubern muß. Nehmen Sie den Hund hoch und tragen ihn ins Freie und hier vergessen Sie nicht ihn zu loben, wenn er sein Werk vollbracht hat.

Nach ca. 17.00 Uhr sollte der Welpe nicht mehr gefüttert werden und um ca. 22.00 Uhr sollte er zum letzten Mal ausgeführt werden. Um in der Nacht keine unliebsamen Störungen zu bekommen, legt man in der ersten Zeit den Welpen mit Vorteil in eine Kiste, aus der er nicht selbst heraussteigen kann. Will man seinen Hund möglichst rasch zur Stubenreinheit erziehen, so kommt man nicht darum herum, am Morgen bereits frühzeitig, also noch vor dem Frühstück, den Hund erstmals auszuführen. In dieser Phase müssen Fütterung und Ausgang auf ihren zeitlichen Ablauf hin genau kontrolliert werden, der Hund gewöhnt sich rasch an den Rhythmus. Die Stubenreinheit sollte daher in einer kurzen Zeit beigebracht werden können, es ist aber wichtig, daß Sie am Verhalten des Hundes erkennen können, wenn er damit anzeigen will, daß er nach draußen muss.

Wichtig ist, daß der Hund bereits vom ersten Tag im neuen Zuhause lernt, wo sich sein Platz befindet. Es ist dies in den meisten Fällen der Hundekorb, hier ist sein persönliches Refugium, hieher kann er sich zurückziehen und hier sollte er in jedem Falle seine Ruhe haben. An diesem, seinem Platz sollte man einen Hund nie bestrafen. Man kann den Hund schon früh lernen, auf Befehl diesen Platz aufzusuchen, er sollte aber, im Gegensatz zum spielerischen Aufsuchen des Platzes, diesen nur auf Befehl wieder verlassen. Im Korb selbst sollten eine dünne Matratze und eine Decke eingelegt werden, letztere ist anfänglich sehr oft zu wechseln.

Leinenführigkeit: Gerade in der heutigen Zeit mit ihrer Hektik und dem großen Verkehrsvolumen, ist die Leinenführigkeit von ausschlaggebender Bedeutung.

Gewöhnen Sie den jungen Hund zuerst beim Spiel an das Halsband und anschließend an die Leine. Der Zwang und das Zurückhalten aus der Distanz ist etwas ganz neues für ihn. Diese Angewöhnungszeit geschieht mit Vorteil in der Wohnung oder im Hause, die Fremdeinflüsse wie Menschen, Kinderwagen, andere Hunde u.a.m. kommen noch früh genug.

Die Gewöhnung an Halsband und Leine bedarf sicher auch einmal eines energischen Wortes oder eines scharfen Zurückziehens an der Leine. Der Hund darf nicht zerren, er muß stets an der linken Seite gehen, mit dem Kopf auf der Höhe des linken Fußes. Sie führen den Hund und Sie bestimmen wo's lang geht und nicht der Hund, es gibt vor allem im Fußgängerverkehr nichts Lästigeres als Hunde, die links und rechts an der Leine zerren und damit die Passanten behindern. Das Halsband sollte in der Form fixiert sein, daß es den Hund nicht würgt aber trotzdem so, daß er auch keine Möglichkeit hat den Kopf rückwärts aus der Schlinge zu ziehen. Im Alltag in der Stadt benutzen Sie weder eine kurze noch zu lange Leine, so ca. 100–120 cm. Für den Ausgang in der freien Natur gibt es die Rolleine bis 5 m, welche dem Hund viel Spielraum bietet. In den verkehrsreichen Gebieten dürfen Sie Ihren Hund nie frei laufen lassen, der Dachshund ist von kleinem Wuchs und wird daher vom Automobilisten meist erst zu spät erkannt.

Gewöhnen Sie ihn auch von Anfang an daran, daß der Fußgängerbereich kein Versäuberungsplatz ist, im Notfall ziehen Sie ihn an den Randstein oder nehmen den Kegel mit einem der im Handel angebotenen Hundesäckchen auf.

Sollte bei einem Spaziergang am Waldrand oder im Wald Ihr Hund sich selbständig machen und auf Ihr Rufen nicht reagieren, wobei ich aber auch auf den vielerorts verordneten Leinenzwang im Wald hinweisen möchte, ein Tip aus dem Jagdbetrieb: ist der jagende Dachshund am Ende eines Triebes d.h. eines zeitlich und örtlich begrenzten Jagdabschnittes nicht zurück, so legt der Jäger an die Stelle wo der Hund von der Leine gelassen wurde, eine Decke oder ein Kleidungsstück. Der Hund kommt stets auf seiner eigenen Spur zurück und wird dann beim Gegenstand auf seinen Herrn warten. Also rennen Sie im Wald niemals blindlings dem Hund nach, durch Ihre eigenen Fußpuren, kreuz und quer, erschweren Sie dem Hund das Finden der richtigen Fährte. Warten Sie daher ruhig am Ort wo er weglief, er kommt bestimmt wieder an diese Stelle zurück, allerdings kann dies oft eine Weile dauern.

Es gibt Junghunde welche die Unart haben, die Leine durchzubeißen oder durchzuknautschen, vor allem dann, wenn sie abgebunden während einer gewissen Zeit sich selbst überlassen sind. Eine Strafe ist hier fehl am Platz, denn für den Hund ist es unverständlich, warum er angebunden und allein gelassen wurde. Abhilfe schafft hier nur eine leichte Kette anstelle der Lederleine oder die kombinierte Leder-/Kettenleine.

Beim Junghund ist vor allem zu beachten, daß seine Knochen erst im Alter von 11–12 Monaten voll entwickelt sind. Es sollte daher möglichst vermieden werden, daß er treppauf und vor allem treppab springt, einmal schadet dies seinem noch nicht voll entwickelten, relativ langen Rücken und andererseits werden die Bänder, vor allem diejenigen der Vorderläufe, stark strapaziert. Auch sollte der Welpe nie an seinen Vorderläufen hochgehoben werden. Die Vordergliedmaße ist durch kein Gelenk mit dem Rumpf verbunden, sondern nur durch Muskeln gewissermaßen angegurtet. Man spricht denn auch vom Schultergürtel, weil sich vor allem am Schultergelenk die meisten der Muskeln anheften, welche den Hängegurt bilden.

1. *Zügiges Hin- und Hergehen mit Wenden auf einem Punkt.*

2. *Noch im Gehen wird die Leine angehoben und der Schritt bis zum Stillstand verlangsamt. Setzt sich der Hund nicht von selbst, übernimmt man die Leine mit der rechten Hand und tippt mit den Fingern der linken Hand auf die Kruppe des Hundes.*

3. *Erst nach einer Pause von zwei Sekunden, wobei der Hund Zeit hat, sich in die Endstellung einzugewöhnen, wird der Hund für das Sitzenbleiben kurz gelobt.*

4. *Nach dem Lob erhebt man sich und wartet entspannt zwei weitere Sekunden, bevor man den Hund ableint oder weitergeht.*

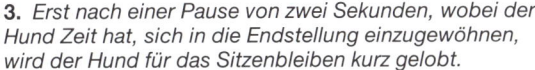

1 *Man hat mit der Übung »Gehen, Anhalten und Setzen«
begonnen und hält nun die geschlossene Handfläche
vor den Kopf des Hundes, wobei man ruhig »Bleib« sagt.
Sogleich wird die Hand wieder zurückgenommen.*

2 *Damit der Hund rasch lernt, braucht er Zeit. Deshalb
verweilen wir etwa 2 Sekunden entspannt neben ihm.*

5 *Nun geben wir erneut das mit dem Sichtzeichen
(flache Hand) verbundene Hörzeichen »Bleib«, senken
die Hand gleich wieder und warten 2 Sekunden.*

6 *Jetzt treten wir zum Hund zurück.*

3 Nun treten wir entschlossen (nicht zögernd) vor den Hund. Folgt er uns, hört er unser ruhiges »Nein«, wonach die Übung von vorn neu begonnen wird.

4 Die Wartephase kann später nach Belieben ausgedehnt werden, sollte jedoch zu Anfang nicht mehr als 10 Sekunden betragen. Wichtig ist, daß wir dabei entspannt und bewegungslos verweilen und den Hund nicht anschauen.

7 Vor dem kurzen Lob schalten wir wiederum eine Pause von zwei Sekunden ein.

8 Nach dem kurzen Lob warten wir erneut 2 Sekunden, bevor wir ableinen und den Hund freilaufen lassen, oder bevor wir weiterarbeiten.

Urs Ochsenbein

9. Erziehung leicht gemacht

Um dem Besitzer eines Dachshundes die Erziehung leicht zu machen, werden hier Erziehungsvorgänge so detailliert beschrieben, daß sie nachvollzogen werden können.

Wie der Autor im vorausgegangenen Kapitel erwähnt hat, erübrigt sich die Frage, ob der Dachshund überhaupt erzogen werden könne und soll. Für jeden kleinen Hund ist eine hundegerechte Erziehung nötig und möglich. Wird diese nicht durchgeführt, muß mit großen Schwierigkeiten gerechnet werden. Immer wieder stellt man fest, daß ein unerzogener Kleinhund durchaus in der Lage ist, eine ganze Familie zur Verzweiflung zu bringen. Über die Ausbildungsfähigkeit des Dachshundes sei hier ein Beispiel angeführt, das an Deutlichkeit nichts zu wünschen übrig läßt.

Zweimal erster Rang
Die Aufnahmen für den Film »Wie sag ich's meinem Hund?« wurden seinerzeit anläßlich von zwei sich folgenden Erziehungskursen des Kynologischen Vereins Zürichsee linkes Ufer gemacht. An die 20 Hunde verschiedenster Rassen und Größen nahmen jeweils daran teil. Die zehnte Lektion wurde als Schlußprüfung durchgeführt. Im ersten Kurs erreichte dabei ein Kurzhaardackel den ersten Rang, beim zweiten Kurs siegte ein Langhaardackel. Diese

beiden Hunde hatten das Glück, von Besitzern geführt zu werden, die ihre Dachshunde nicht unterschätzten und genau das von ihnen verlangten, was von allen Hunden bei der Erziehung zu verlangen ist, von den größten wie den kleinsten.

Das Einfügen des Welpen im Familienbereich

Holen wir unseren Welpen per Auto vom Züchter ab, sollten wir ihn mit einer Person auf dem Rücksitz unterbringen, die ihn betreut und mit einem Tuchfetzen oder einem anderen vertrauten Gegenstand aus dem Zwinger mit ihm spielt. Nun fahren wir nicht allzu rasant, halten nach fünf Minuten an und spazieren ein wenig mit unserer Neuerwerbung. Erst jetzt setzen wir die Reise fort, wobei wir den Kleinen ständig beobachten. Zeigt er Speichelfluß, verrät er auf irgendeine Weise, daß ihm nicht wohl ist, unterbrechen wir die Fahrt erneut für einige Minuten.

Es ist sehr wichtig, daß die erste Fahrt im Auto unserem Hund nicht zu einem Schrekkenserlebnis wird. Das könnte zur Folge haben, daß er für längere Zeit das Autofahren nicht mehr erträgt und dabei dauernd erbricht.

Die Ankunft zu Hause

Zu Hause angekommen, betreten wir das Haus und die Wohnung nicht sofort, sondern lassen den Welpen im Garten oder in Hausnähe an jener Stelle länger verweilen, wo er auch in Zukunft seine kleinen und großen Geschäfte zu verrichten hat. Setzt er Wasser ab, loben wir ihn dabei ausgiebig mit »Brav Brunneli machen« oder ähnlich. In der Wohnung haben wir ihm einen Korb oder eine Kiste bereitgestellt, und zwar an einem Platz, von wo aus er eine gewisse Übersicht auf das familiäre Geschehen genießt. Also beispielsweise im Flur, in den die meisten Türen führen. Hier darf er sich nun ausschnüffeln, aber auch in allen jenen Räumen, welche ihm ein zuvor abgehaltener Familienrat als frei zu betretendes Gebiet zu-

gesprochen hat. Mit der Nase nimmt der junge Hund auf diese Weise die neue Umgebung auf und macht sich mit ihr vertraut.

Da uns das Gebaren des herzigen Welpen mit Sicherheit fasziniert, bedienen wir uns des Küchenweckers, damit wir nicht vergessen, den Kleinen jede halbe Stunde auf den Arm zu nehmen und auf den Versäuberungsplatz zu tragen, wo wir jedesmal genau wie bei unserer Ankunft verfahren. In der ersten Nacht lassen wir den Welpen ruhig zu uns ins Schlafzimmer kommen, wenn er nicht in seinem neuen Korb bleiben möchte. Bald wird er von selbst auf seinem Lager verharren. Dort haben wir auch den Stoffetzen oder einen anderen vertrauten Gegenstand aus dem Zwinger hingelegt.

Die Stubenreinheit

Das Erlangen der Stubenreinheit stellt eine wichtige Stufe der Erziehung dar. Wir sollten darauf achten, daß wir den kleinen Hund dabei nicht überfordern. Das wäre dann der Fall, wenn wir davon ausgingen, man müsse das Sauberbleiben dem Hund befehlen und ihn strafen, wenn er nicht gehorcht. Damit würden wir nur unser Verhältnis zu ihm von Anfang an ganz unnötig belasten, sein Vertrauen zu uns herabsetzen.

Vielmehr sollten wir uns bemühen, den Welpen durch geschicktes Angewöhnen zur Stubenreinheit zu bringen. Dazu dienen uns die folgenden Regeln.
1. Noch bevor wir den Welpen abholen, haben wir im Garten oder in Hausnähe einen geeigneten Platz bestimmt, wo er sich versäubern kann.

2. An diesen Ort soll er bei der Ankunft und in den ersten Tagen in regelmäßigen Zeitabständen getragen werden, anfangs jede halbe Stunde.

3. Auf dem Platz drängt man den Welpen nicht zum Versäubern, sondern nimmt sich alle Zeit, bis er dies von selbst tut.

4. Sobald er Wasser läßt oder Kot absetzt, ertönt unser einschmeichelndes Lob, das leise gegeben werden muß, damit es den Hund nicht ablenkt.

5. Hat er sein kleines oder großes Geschäft erledigt, läßt man ihn noch etwas herumschnüffeln, spielt kurz mit ihm und geht mit ihm ins Haus zurück.

6. Passiert es in den ersten Tagen, daß der Welpe trotz unserer Umsicht im Hause Urin oder Kot absetzt, ist er nicht auszuschimpfen oder gar zu strafen, sondern man trägt ihn dennoch zum Versäuberungsplatz, als wäre nichts geschehen.

7. Sobald sich eine gewisse Sicherheit in der Stubenreinheit abzeichnet, können wir länger warten als eine halbe Stunde, doch sollte trotzdem eine gewisse Regelmäßigkeit eingehalten werden.

8. Sollte sich später einmal der Junghund im Hause versäubern, sollten wir ebenso vorgehen wie unter Punkt 6 beschrieben. Würden wir jetzt strafen oder auch nur schelten, könnte sich dieses unerwünschte Verhalten festsetzen.

9. Beginnt ein Junghund, der schon sehr sicher stubenrein war, sich plötzlich auffallend oft im Hause zu versäubern, sollte man den Tierarzt aufsuchen um festzustellen, ob er eventuell krankheitshalber rückfällig geworden ist.

Der Welpe kommt erstmals ins Haus

Hier ist nun alles neu für den Kleinen, und das nimmt er zuerst und vorwiegend mit seiner Nase auf. Das heißt, er beginnt sich schnüffelnd zu orientieren. Dazu sollte man ihm die nötige Zeit lassen. Eine Kinderschar, die nun unbedingt mit dem herzigen Neuling spielen will und ihn von allen Seiten bestürmt, ist für ihn zuviel. Man erklärt am besten jetzt den Kindern, daß das junge Tier Ruhe braucht und ohnehin schon von so vielen neuen Eindrücken fast zu sehr bedrängt wird. Spielen sollte man dann, wenn uns der Hund selbst dazu auffordert, was jeder gesunde Welpe regelmäßig tun wird. Dazwischen benötigt er aber eine Menge Schlaf. Man tut gut daran, die Kinder aufzufordern, zu beobachten, was der Kleine tut und mit uns darüber zu sprechen. Schon jetzt sollte man auch bedenken, daß dieser kleine Kerl in einigen Monaten ein erwachsener Hund sein wird, und daß es dann sehr schwer für uns wie für ihn sein wird, Dinge, die man ihn jetzt tun läßt, wieder abzugewöhnen beziehungsweise zu unterlassen. Also ist es von Vorteil, wenn wir ihn von allem Anfang an jene Räume nicht betreten lassen, die er auch später nicht betreten darf. Auch auf Möbel wie Sofas und Sessel, worauf man ihn in der Zukunft nicht haben möchte, sollte man ihn nicht setzen.

Nicht vergessen darf man, daß der kleine Hund bei all der Aufregung bald Wasser braucht. Ein kleiner Behälter sollte deshalb bereitstehen, und zwar an einer Stelle, die er immer erreichen kann. Die Futterschüssel dagegen ist separat zu halten, so daß der Welpe nur bei den Mahlzeiten Zugang hat. Stellt man sie beispielsweise in die Küche – dies natürlich nur, wenn eine Tür vorhanden ist –, sollte der Hund anfangs aufgehoben und zu seinem Topf getragen werden. Damit bleibt für ihn das Betreten ein Tabu, und er wird später keine Schwierigkeiten machen, wenn man von ihm verlangt, vor der Schwelle zu warten bis sein Napf gefüllt ist. Praktische Fütterungsstellen sind auch Küchenbalkone, sofern sie vor Regen geschützt sind.

Wo soll der Hund sein Lager haben?

Hat man schon zuvor einen Hund gehabt, weiß man aus Erfahrung, wo er gern schlief. Und sein Korb, der auch dann für eine Hundenase noch nach Hund riecht, wenn man die Einlage gereinigt hat, bietet uns den Vorteil, daß nun der neue, kleine Hund sogleich auf diesen Geruch anspricht und gerne in diesem Korb verweilt. Hatte man zuvor noch keinen Hund, muß man ausprobieren, an welcher Stelle der Wohnung er sich wohlfühlen wird. Grundsätzlich schlafen Hunde gern in zentraler Lage, so beispielsweise im Flur, wo alle Türen münden, auch jene, die hinausführt und die ihn deshalb in hohem Maße interessiert. Es kann aber auch sein, daß unser Junghund sein Lager stets verläßt und lieber an harter Stelle anderswo verweilt. Da wir selbst viel weniger gut hören, vor allem auch gewisse Töne, die unser Hund vernimmt, überhaupt nicht wahrnehmen, weil sie sich außerhalb der für uns erfaßbaren Frequenzbereiche befinden, ist es durchaus möglich, daß ihn ein Geräusch stört, eine Wasserleitung vielleicht. Es kann aber auch sein, daß

Zugluft ihn von seinem Lager vertreibt, die wir selbst gar nicht bemerken, weil wir uns ja in einem viel höheren Bereich bewegen als der Hund. Daran denkt man auch auf der Straße viel zu wenig, wo der Kopf und damit die Atemwege des Hundes oft von unangenehmen Gerüchen und Gasen erreicht werden, die wir gar nicht bemerken.

Das Lager selbst sollte mit einer nicht allzu weichen Einlage, einer Matratze oder einer zusammengefalteten Decke ausgelegt sein und nicht zu hohe Umrandung aufweisen. Natürlich wird es für den Welpen noch zu groß sein, aber das schadet nicht. Damit der Hund gern aufs Lager geht, kann man ihm dort einen Leckerbissen hinlegen, wenn man ihn auch dort haben möchte. Begibt er sich dann hinein, um diesen Bissen zu fressen, begleiten wir ihn mit einem Hörzeichen wie »schön Platz machen« oder ähnlich. Bald wird er auf dieses Zeichen in den Korb klettern, und wir können ihn dann mit dem erwarteten Leckerbissen dort loben. Solche kleinen Vorgänge, die wenig Zeit kosten, können – wenn mit der notwendigen Konsequenz durchgeführt – eine unerhört wirksame Vorbereitung für das sein, was wir später Gehorsam nennen. Der Welpe gewöhnt sich dadurch sehr früh und nachhaltig daran, auf das, was wir sagen, zu achten, und das, was von ihm damit verlangt wird, auch zu tun. Alle Erziehungsschritte werden dann viel leichter erreicht werden.

Die erste Nacht

Wir haben eben von Konsequenzen gesprochen. Manche Leute sind ganz versessen darauf, konsequent mit dem Junghund zu sein, doch oft sind sie dies am falschen Orte. Wer meint, man müsse den Welpen schon in der ersten Nacht sich selbst auf seinem Lager überlassen, auch wenn er unruhig wird und zu winseln oder zu jaulen beginnt, hat eine falsche Vorstellung davon, was Konsequenz in der Hundeerziehung bedeutet. Vor allem wir sollten konsequent sein, indem wir dem Hund das, was wir von ihm wünschen, stets in der gleichen Form verständlich zu machen versuchen. Ihn jedoch in der ersten Nacht ohne Kontaktmöglichkeit zu belassen, ist ganz einfach eine brutale Dummheit. Bis zum heutigen Tage war das kleine Tierchen doch von seinen Geschwistern umgeben, hatte immer Kontakt zu ihnen gehabt, wenn es dessen bedurfte, meist auch im Schlaf, wo das bekannte Kontaktliegen ihm wohlige Wärme und Geborgenheit vermittelte. Und nun befindet er sich auf einmal in einer völlig neuen Umgebung und wird allein gelassen. Was wunder, wenn er das nicht aushält.

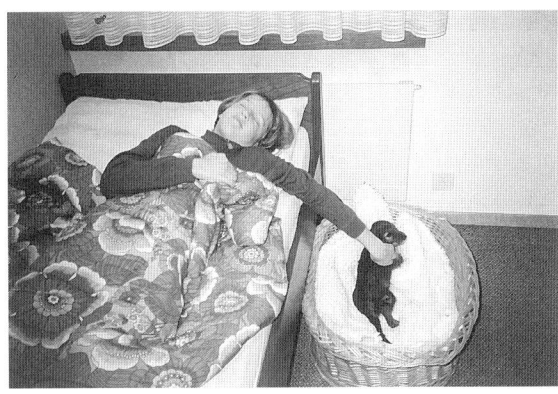

In der ersten Nacht braucht der Welpe den Kontakt zum Menschen.

Eine bewährte Technik, um den Hund ohne Schwierigkeiten und in kurzer Zeit daran zu gewöhnen, allein in seinem Korb zu schlafen und sich dort auch wohl zu fühlen, besteht gerade darin, daß man ihm erlaubt, die ersten Nächte in unserer Nähe zu verbringen. Man stellt dazu seinen Korb neben das eigene Bett und läßt die Tür zum Flur, wo er später schlafen wird, angelehnt. Beginnt er unruhig zu werden, können wir ihn für eine Weile mit der Hand berühren. Nach einigen Tagen stellen wir den Korb – immer noch im Schlafzimmer – etwas weiter vom Bett weg, und bald belassen wir ihn im Flur, ohne jedoch die Türe zu schließen. Jetzt wird der Hund vermutlich sich neben unserem Bett hinlegen, wenn wir schlafen gehen. Doch dort wird er nicht sehr lange bleiben, sofern die Bettvorlage nicht weicher als seine Korbeinlage ist. Er wird also nach einer Weile in sein Lager wechseln. Nach wenigen weiteren Tagen können wir dann auch die Türe ganz schließen, und der Hund wird fortan ruhig und gern die Nacht dort verbringen, wo er schließlich hingehört.

Grundsätzliches zum Verhalten der Besitzer

Mit Befehlen und Schimpfen läßt sich kein Hund erziehen, weder ein ganz junger, noch ein älterer. Wir müssen anders vorgehen. Es lohnt sich, wenn man sich über die Frage »Wie sag ich's meinem Hund?« einige Gedanken macht, bevor man ihn aus Unkenntnis frustriert.

Ein Hund ist von Natur aus völlig anders ausgestattet als wir es sind. Er sollte nie als »dummes Tier« betrachtet oder wie ein in sei-

Intelligenz reduziertes Kind behandelt werden. Dumm ist der Hund nämlich keineswegs, er ist nur anders. Wenn er merkt, was wir eigentlich von ihm wollen, dann tut er es auch gern. Denn es ist ihm ein inneres Bedürfnis, zu verstehen und verstanden zu werden. Als ehemaliges Rudeltier war er durchaus in der Lage, sich mit seinen Rudelgenossen zu verständigen, was ja zur Ausübung der Rudeljagd unerläßlich und somit eine Frage des Überlebens war. Als domestiziertes Haustier vermag nun der Hund – im Gegensatz zu einem Wildtier – auch uns als Rudelpartner zu betrachten. Finden wir jetzt heraus, was er verstehen kann und was nicht, haben wir das heikle Spiel der Erziehung im Grunde schon gewonnen.

Es ist eine wichtige Grundregel, daß man den Hund nicht überfordert, sondern den Zugang zu seiner Art des Verstehens mit Umsicht sucht. Dies besonders in den ersten Wochen, wo er sich bei uns zurechtfinden muß. Alles ist ihm hier neu, die Gerüche, die Räume, die Menschen. Je regelmäßiger wir jedoch unseren Tagesablauf gestalten und den Hund mit seinen Bedürfnissen darin einfügen, desto schneller gewöhnt er sich an uns und unsere Verhältnisse. Er fühlt sich dann wohl und sicher und bleibt aufnahmebereit für das, was wir ihm zu sagen haben. Wie wir dies tun, soll nun erklärt werden.

Der Dackel will erzogen sein

Man sagt vom Dachshund, er könne ein ausgezeichneter Familienhund sein. Dasselbe läßt sich von den meisten anderen Rassen auch sagen. In jedem Falle gilt jedoch, daß ein Hund nicht von sich aus zum angenehmen vierbeinigen Mitglied der Familie wird. Man muß ihm dazu verhelfen. Tut man das geschickt und konsequent, und war die Aufzucht für seine Sozialisierung förderlich, dann wird es freilich bei einem Dackel kaum Schwierigkeiten geben. Er ist von Natur aus freundlich und gutartig, und er ist auch anpassungsfähig. Was uns vielleicht einige Mühe bereiten könnte, ist sein Temperament. Wir benötigen etwas mehr Geduld und Konsequenz für die Erziehung eines aufgeweckten und tatendurstigen Hundes. Dafür wird es uns später leichter fallen, seine Arbeitsfreude zu wecken.

Wem bis dahin nicht bewußt geworden ist, daß er kein Stofftier sondern ein Lebewesen angeschafft hat, wird es jetzt zur Kenntnis nehmen müssen. Und er wird erkennen, daß der neue Hausgenosse nicht nur der Bewegung und der Pflege bedarf, sondern ebenso der Zuwendung seitens des Besitzers. Das heißt, man muß sich zwar nicht dauernd, aber doch zeitweise und regelmäßig mit ihm beschäftigen. Diese Zeit ist nicht verloren – im Gegenteil, sie ist in mehrfacher Hinsicht gewinnbringend angelegt. Auch uns schadet Bewegung nicht, und es gibt keine bessere Entspannung als die Beschäftigung mit einem Hund, wenn man nur einige Grundsätze dabei beachtet.

Erziehen heißt, sich mit dem Hund verständigen

Wie wir nun schon wissen, ist der Hund nicht mit Befehlen, Schimpfen oder gar Bestrafen zu erziehen. Es geht vielmehr darum, ihn gezielt an ein erwünschtes Verhalten zu gewöhnen.

Das setzt voraus, daß wir in der Lage sind, den Hund merken zu lassen, was wir von ihm erwarten.

Der Hund ist eben kein Kleinkind, das zwar nicht sprechen, aber doch sehr gut hören kann. Er ist ein ganz anders konzipiertes Lebewesen als der Mensch und kann mit diesem nicht verglichen werden. Das müssen wir berücksichtigen, wenn wir uns ihm verständlich machen wollen. Mit Worten erreichen wir wenig oder nichts. Wir sollten uns da anderer Mittel bedienen. Schauen wir uns einmal näher an, wie sich Hundeeltern mit ihren Jungen verständigen.

Bis etwa zur sechsten Lebenswoche können die Welpen so ziemlich alles tun, was ihnen einfällt, weder ihre Mutter noch der Vater (der allerdings nur selten im Rudel verbleibt) werden sie daran hindern, es wäre denn, um sie vor einer Gefahr zu bewahren. Aber sie lassen sich an ihren Ohren und Lefzen ziehen, sie halten als Kletterobjekte her, und man darf ihnen gar ein Stück Fleisch aus dem Fang zerren. Von einem Tag auf den anderen ändert sich das. Nun wird der Welpe plötzlich zurechtgewiesen, wenn er solche Dinge tut. Das geschieht derart brutal, daß man meint, die Hündin habe das blitzschnell gepackte, geschüttelte und wieder weggeworfene Jungtier verletzt. Dem ist aber nicht so, Hunde verfügen im Fang über ein unerhört feines Tastgefühl, das ihnen erlaubt, so rasch, rabiat und gezielt einzugreifen. Im nächsten Augenblick verhalten sie sich, als wäre überhaupt nichts geschehen. Damit erreichen sie, daß der Welpe das Ereignis nicht auf das Elterntier bezieht, sondern mit jenem Vorgang in Zusammenhang bringt, den er eben ausgeübt hat. Er kriegt auf diese Weise nicht Angst

vor seiner Mutter, nein, er beginnt das Objekt zu respektieren, mit dem er sich eben beschäftigte oder beschäftigen wollte.

Genauso wie die Hundemutter sollten auch wir vorgehen, wenn es beispielsweise darum geht, dem Hund etwas zu verleiden. Dann wird der Hund die unangenehme Einwirkung mit dem Objekt oder dem Vorgang, der ihm verleidet werden soll, in Verbindung bringen und nicht auf unsere Person beziehen.

Tabus setzen

Im Haus und in der Wohnung muß dem Hund von Anfang an klar gemacht werden, was erwünscht ist und was nicht. Ein Hund fühlt sich nicht wohl und geborgen, wenn man aus falsch verstandener Tierliebe zu nachgiebig ist, er will geführt sein. Freilich gibt es auch Dinge, die man nicht von Anbeginn an erwarten und erzwingen sollte. Dazu gehört, wie wir gesehen haben, die sorgfältige Gewöhnung an die Stubenreinheit und an eine bestimmte Schlafstelle. Hingegen müssen wir bei Handlungen des Hundes, die nicht nur jetzt, sondern auch später unzumutbar sind, von Anfang an ein deutliches Tabu setzen.

Steckt der Welpe etwa die Nase in die Einkaufstasche und läßt die Besitzerin im gleichen Moment die zweite Tasche, die sie in Händen hält, auf den Frechdachs herunterplumpsen, so ist die Überraschung perfekt. Für den Welpen ergibt sich: Wenn ich die Nase in eine Tasche stecke, passiert etwas höchst Unangenehmes. Er wird das somit künftig auch dann bleiben lassen, wenn die Besitzerin nicht zugegen sein sollte. Bei älteren Hunden bedarf es allerdings für solche Korrekturen der Wiederholung, bis sie wirksam werden. Um so mehr empfiehlt es sich, Untugenden gar nicht erst aufkommen zu lassen.

Anders gehen wir vor, wenn wir dem Hund begreiflich machen wollen, welche Räume er nicht betreten darf. Dazu gehören normalerweise die weiteren Schlafzimmer, vor allem aber das Bad und die Küche. Hier schubsen wir ihn kräftig zurück, sobald er die Schwelle überqueren will. Hunde haben von Natur aus eine starke Beziehung zu geraden Linien wie Schwellen, Trottoirrändern, Pfaden im Gelände und ähnlichem mehr. Wo es in modernen Wohnungen keine Schwellen gibt, fällt es deshalb schwerer, den Hund vom Betreten eines Raumes abzuhalten. Doch können wir uns mit einem Stück Abdeckband behelfen, das wir vorübergehend anstelle einer Schwelle anbringen.

So wird er auch hier bald gehemmt sein, einzudringen. Dies bedingt lediglich, daß wir ihn konsequent und nicht zu zimperlich zurückschubsen, wobei wir keinen Ton von uns geben. Der Hund versteht dann schneller und besser, was wir meinen. Grundsätzlich sollten wir ihm nämlich nie erklären wollen, was wir von ihm verlangen, sondern es ihn durch Einwirken fühlen lassen. Aus dem, was er dabei erlebt, lernt er leicht und rasch.

Ganz verfehlt ist Schelten, was den Hund nur verunsichert und nie zum Verständnis führt. Nähert sich der Hund einer Stelle, die er nicht berühren oder anfassen darf, wirken wir ebenfalls massiv und wortlos mit einem Klaps auf ihn ein, wobei wir selber ganz gelassen bleiben. Wir können auch etwas neben ihm fallen lassen, was Lärm erzeugt.

Die spitzen Welpenzähnchen

Manche Welpen und Junghunde fassen gern und oft nach den Händen, Handgelenken und Ärmeln der Besitzer und ihrer Kinder. Das kann Schürfungen und Kratzer absetzen, was sehr unangenehm ist. Dieses mehr oder weniger sanfte Packen hat jedoch nichts mit Aggression oder Beißen zu tun. Es wäre falsch, dies anzunehmen. Doch muß man auch hier ein Tabu setzen und wissen, wie man das am besten tut.

Der Hund hat keine Hände
Vieles, was wir mit unseren Händen tun, macht der Hund mit dem Fang. Er hat ja keine Hände, und so trägt er eben alles, was er aufnimmt, zwischen seinen Zähnen. Doch auch für Zärtlichkeiten hat er nur seine Schnauze zur Verfügung. Ebenso dient ihm der Fang zum Drohen und Abwehren, wenn er belästigt oder angegriffen wird.

So wie er dann die Zähne bleckt, schnappt oder zubeißt, drohen, schubsen oder schlagen wir mit unseren Händen und Fäusten zu.

Das mehr oder weniger starke Fassen mit dem Fang im Sinne einer Kontaktaufnahme oder einer Liebkosung macht schon die Hündin mit den Welpen und betreiben die Welpen unter sich während ihrer Sozialisierungsphase sehr intensiv. Spielende erwachsene Tiere pflegen ebenfalls auf diese Weise ihre Zuneigung zu äußern.

Hat der Welpe die Intensität seines Zupackens an den Geschwistern geübt und dabei seine Beißhemmung nach dem jeweiligen Ergebnis beim Partner eingestellt – Stillhalten oder Aufjaulen des Gepackten sind dafür die

Signale –, so nimmt er nun vertrauensvoll und liebenswürdig auch die Hände seines Besitzers und dessen Kinder in den Fang. Da nun Menschenhaut weniger widerstandsfähig als ein Hundefell ist, kommt es nicht selten zu leichten Verletzungen, wobei auch ein kleiner Blutstropfen hervorquellen mag. Dies besonders, weil Welpenzähnchen noch sehr scharf sind. Diesem Umstand tragen übrigens erwachsene Hunde Rechnung, wenn sie sich Welpen nähern, um mit ihnen zu spielen. Es fällt auf, mit welcher Umsicht sie ihre Nasen und Lefzen dem Bereich des Welpenfanges entziehen und lieber den gut geschützten Nacken hinhalten. Als Mensch könnte man dem Welpen den Ärmel anbieten, falls das betreffende Kleidungsstück robust genug ist. Feinere Gewebe oder gar Strickwolle können Schaden nehmen. Was also läßt sich tun?

Wie das Tabu gesetzt wird
Gerade beim Abgewöhnen des zärtlich gemeinten, aber zu stark dosierten Zupackens des Welpen, läßt sich einiges über die Technik des korrigierenden Einwirkens lernen.

Faßt uns ein Welpe an der Hand, ist erstes Gebot, ihm diese nicht zu entziehen. Dasselbe gilt auch bei erwachsenen Hunden, die zum Schnappen neigen. Reißen wir die gefaßte Hand zurück, packen junge wie ältere Hunde reflexartig fester zu. Belassen wir dagegen die Hand oder drücken sie in den Fang, kommt es weniger rasch zu Verletzungen. Und beim Zugreifen des Welpen im Sinne einer Liebkosung, die aber für uns zu hart erfolgt und schmerzt, geben wir am besten einen heftigen Schmerzlaut von uns (wie etwa »au!«). Das versteht der Welpe, weil dieser Laut dem seinerzeitigen Aufjaulen der Geschwisterwelpen entspricht, das sein Zupacken gebremst hat.

Falsch wäre es, dem kleinen Hund mit Worten sein Fehlverhalten zur Kenntnis bringen zu wollen, sei es in beruhigender Weise erklärend, sei es als aufgebrachtes Schelten. Beides kann das Tier nicht verstehen. Auch leichte Abwehr mit der freien Hand führt zu einem Mißverständnis, da der Hund dies als Spielaufforderung auffaßt, was ihn veranlassen könnte, noch stärker zu fassen. Genügt der Wehlaut nicht, korrigieren wir den zu fest seinen Fang schließenden Hund mit einem Klaps der anderen Hand, und zwar sehr massiv, damit der Hund wirklich abgeschreckt wird. Man beobachte einmal jene Einwirkungen der Mutterhündin, wenn sie ihre Welpen zurechtweist. Sie erfolgen unerhört schnell, präzis und kräftig. Der Welpe verliert dadurch keineswegs das Vertrauen zur Mutter, denn er bezieht die Einwirkung gar nicht auf sie, sondern auf seine Handlung im Moment des Einwirkens. Genauso reagiert der Hund, wenn sein Besitzer im richtigen Augenblick gezielt und massiv einwirkt. Und das kann man in einem solchen Fall praktisch nur mit der Hand. Bleiben wir bei diesem Vorgehen innerlich gelassen, wird der kleine Hund nicht handscheu, wie es fälschlicherweise in manchen Hundebüchern behauptet wird. Auch hierin soll uns die Mutterhündin Vorbild sein: Sie korrigiert ihren Welpen mit dem Fang blitzschnell und hart, bleibt aber völlig unerregt und tut so, als wäre überhaupt nichts passiert. Auch wir sollten also wortlos und gelassen – niemals in strafender Aufwallung – sowie massiv und schnell einwirken, wonach wir uns völlig unbeteiligt geben. So wird die Korrektur ihre Wirkung nicht verfehlen.

Nun wollen wir dem jungen Hund bei der Erziehung ja nicht nur eine Menge Dinge verbieten. Er soll sich bei uns auch wohl fühlen und uns durch seine Munterkeit ergötzen. Damit sollten wir ihm auch genügend Gelegenheit bieten, wo er sich frei bewegen kann. Ideal dazu ist natürlich der Spaziergang in einem Gelände, wo man ihn gefahrlos sich selbst überlassen kann. Aber auch im Haus und im Garten sollte er sich zwanglos dort aufhalten dürfen, wo kein Schaden entstehen kann. Hier gibt man ihm auch Spielzeug und allenfalls Knochen. Das alles genügt aber nicht. Wir müssen uns auch reichlich Zeit nehmen, um mit ihm zu spielen und herumzutollen. Dabei vertiefen sich der gegenseitige Kontakt und das Vertrauen des Junghundes zu uns.

Der erste Spaziergang

Vom Verhalten des Besitzers hängt es ab, was ein Welpe dabei lernen kann

Hat sich ein vom Züchter übernommener Welpe nach einigen Tagen im Haus und im Garten gut eingewöhnt, ist es Zeit, an den ersten Spaziergang zu denken. Einzige Voraussetzung dafür ist, daß man ihn mit Halsband und Leine schon einigermaßen vertraut gemacht hat. Die meisten Züchter tun dies schon vor der Abgabe der Tiere an die Besitzer. Im übrigen darf der Welpe jetzt noch zerren. Das gewöhnen wir ihm erst später beim Aufnehmen der Grundübungen ab.

Mit Vorteil wählen wir ein Gelände aus, wo wir den Welpen, der nun an der Schwelle des Junghundealters steht, gefahrlos frei laufen lassen können. Wichtig ist, daß dort auch Begegnungen mit anderen Hunden stattfinden.

Wer jetzt Angst hat, daß seinem teuer bezahlten »Wertobjekt« Dachshund etwas Schlimmes passieren könnte, macht einen gravierenden Fehler in der Erziehung. Hunde sind keine Killer. In der Regel packen sie bei Welpen oder Junghunden überhaupt nicht zu. Tun sie es dennoch, was aus verschiedenen Gründen auch einmal geschehen kann, fassen sie nur dosiert oder gehemmt. Den Hund, der einen kleineren Artgenossen grundlos packt und totschüttelt, gibt es nur in äußerst seltenen Fällen.

Es handelt sich dann um ein von Menschen total verdorbenes Exemplar. Außerdem ist der Welpe dank seinen noch sehr spitzen Zähnchen gut geschützt. Erwachsene Hunde spüren dies und hüten sich davor, ihre Lefzen in die Nähe des spielerisch zupackenden Junghundes zu bringen.

Natürlich kann es auch einmal passieren, daß der Junghund unter die Pfoten eines älteren Hundes gerät. Das sollte man ohne Aufregung und Geschrei ergehen lassen. Und wenn danach unser Kleiner bei uns Schutz sucht, dürfen wir ihn nicht bemitleidend und beruhigend trösten wollen mit Streicheln und mit Worten.

Noch schlimmer wäre, ihn auf den Arm zu nehmen. Reagieren wir nämlich so, nehmen wir unserem Hund die Möglichkeit, aus dem Vorfall zu lernen. Er muß merken, daß ab und zu auch auf dem Spaziergang das geschehen kann, was er längst aus den Tagen im Wurfzwinger kennt, wo er von seinen Geschwistern und der Mutter hin und wieder überrumpelt wurde. Damit wird er solche Ereignisse bald gelassen hinnehmen. Dies selbst dann, wenn er im Moment der etwas rauhen Konfrontation aufjault, was ja zum Repertoire des Verhaltens eines Welpen gehört.

Ohne Risiko geht es nicht
(Bildfolge Seite 42)

Wer also beim Ausführen seines Welpen absolut nichts riskieren will, sollte sich besser keinen Hund halten. Nicht nur, weil es sinnlos und unnötig ist, sich für seinen Hund zu ängstigen, sondern weil man ihm dadurch ein natürliches Verhalten gegenüber begegnenden Artgenossen zunehmend erschwert. Das führt dann dazu, daß der übermäßig behütete Hund als erwachsenes Tier mißtrauisch und aggressiv wird.

Je nach seiner Grundanlage und der gegebenen Situation, wird er dann scheu ausweichend oder aber aggressiv attackierend reagieren. Beides ist für den Halter sehr unangenehm. Denn das scheue Ausweichen reizt manche andere Hunde zum Angriff.

Das hier in bezug auf den Junghund Gesagte gilt genauso für den Besitzer eines erwachsenen Hundes. Als kurz gefaßte Anleitung zum Verhalten des Besitzers bei Begegnungen mit anderen Hunden läßt sich sagen: Man halte sich zurück und beeinflusse den Hund in keiner Weise. Am besten entfernt man sich etwas und beobachtet sein Benehmen. Nach der Begegnung – wie immer sie ausgefallen sein mag – enthalte man sich ebenfalls jeder Einwirkung, sei sie lobend oder tadelnd gemeint. So lernt der Hund schnell, was er bei Begegnungen zu tun hat, damit er ungeschoren bleibt.

In Bewegung bleiben

Hat man mit dem Welpen das Gelände erreicht und ihn an der Leine soweit hineingeführt, daß eine Gefährdung durch den Verkehr nicht mehr zu befürchten ist, leint man ihn während dem Gehen ab. Von allem Anfang an sollte man nun auch in Bewegung bleiben und ständig weitergehen. Das veranlaßt den Hund, uns nachzufolgen. Mit Herbeirufen sollten wir uns zurückhalten. Bleibt er etwas zurück, rufen wir nur einmal, klatschen wenn nötig zwei-, dreimal in die Hände, und gehen seitlich ins Gelände. So kann uns der Hund gut sehen und erkennen. Es ist nämlich unsere persönliche Bewegungsart, die ihm sagt, daß dies »seine Leute« sind. Er wird uns dann meistens auch folgen. Ist er bei uns angekommen, halten wir kurz an, um ihn herzlich zu loben, gehen aber danach gleich weiter.

Halten wir uns an die Empfehlung, stets nur einmal unseren Ruf ertönen zu lassen und auf die beschriebene Weise weiterzugehen, erhalten wir in Kürze einen Hund, der immer beobachtet, wo wir sind, und uns auch ständig nachläuft. Im anderen Fall, wenn wir mehrfach rufen, dabei länger stehen bleiben und am Ende den Hund noch abholen, geschieht folgendes: Die mehrfachen Rufe empfindet der Hund nicht als Aufforderung zum Herbeikommen, sondern als Mitteilung, daß wir in der Nähe sind. Es drängt ihn dann nichts, uns nachzufolgen. So wird sich der Hund daran gewöhnen, daß er uns nicht verliert, wenn er nicht kommt. Er beobachtet deshalb nicht mehr, wo wir uns befinden, da er aus Erfahrung weiß, daß wir ihm nicht verloren gehen. Genauso wird er sich später als erwachsenes Tier verhalten, und das ist für den Besitzer sehr unangenehm.

Natürlich bleiben wir auch ab und zu stehen und holen den Hund ab, ohne jedoch zuvor zu rufen. Dann nämlich, wenn er so stark abgelenkt ist, daß er unser Rufen als junges Tier gar nicht mehr wahrnehmen kann. So etwa, wenn er mit anderen Hunden zu spielen beginnt. Oder wenn ein Geruch ihn so fesselt, daß alles andere keine Bedeutung mehr hat für ihn. Das ist zum Beispiel der Fall, wenn er ein Mauseloch entdeckt hat.

Mit dem hier beschriebenen Verhalten vertiefen wir die Beziehung des jungen Hundes zu uns. Und wir leisten Vorarbeit für das spätere gezielte Abrufen, das uns unter dieser Voraussetzung rasch und leicht gelingen wird.

Die Grunderziehung

Für den Dachshund, der aus dem Welpenzwinger zu uns gekommen ist, wirkt alles, was er nun vorfindet, neu, und es beeindruckt ihn stark. Wie oben dargelegt wurde, beschränkt man sich deshalb am besten darauf, die nötigen Tabus zu setzen. Wann aber sollen wir – darüber hinausgehend – mit der eigentlichen Erziehung beginnen? Grundsätzlich dann, wenn sich zwischen uns und dem jungen Tier eine genügend starke Bindung ergeben hat. Ein Anhaltspunkt dafür ist, wenn der kleine Hund uns beim Spazierengehen aus eigenem Antrieb gut nachfolgt. Natürlich wird er bei Ablenkungen wie spielenden Hunden, verlockenden Gerüchen oder andersartigen Tieren noch zurückbleiben oder vorprellen. Dort aber, wo nichts Derartiges ihn reizt, und er sich immer

wieder uns anschließt, ohne daß wir ihn gerufen haben, ist dies ein untrügliches Zeichen, daß sich seine Beziehung zu uns gefestigt hat. Jetzt können wir mit der grundlegenden Erziehung anfangen, ohne ihn zu überfordern. Dazu gehört vor allem das Herbeirufen. Damit sollten wir aber nicht beginnen, weil sowohl uns als auch dem Hund noch einige Vorkenntnisse fehlen. Um diese zu erwerben, fangen wir mit den einfacheren Übungen an, wie sie im folgenden beschrieben werden. Es geht für uns darum, zu lernen, wie man sich mit dem Hund verständigen kann. So erhalten wir Einblick in die Art des hundlichen Lernens und erkennen das im Vergleich zum Menschen – auch zum Kind – begrenzte Auffassungsvermögen des Hundes.

Die vier Grundübungen

1. Gehen und Wenden (Bildfolge Seite 55)
Wir wählen dazu einen Weg, noch besser einen Waldweg. Dort bewegen wir uns mit dem angeleinten Hund zügig ausschreitend. Üben wir auf freiem Feld, gehen wir auf markante Zielpunkte zu, damit wir uns geradlinig fortbewegen. Das ist wichtig, weil dadurch das Raumgefühl des Hundes angesprochen wird. Die Wendung erfolgt stets rechtsumkehrt.

Die Leine wird am äußersten Ende mit der rechten Hand gehalten, der Hund befindet sich an der linken Seite. So wird er bei der Wendung mitgenommen. Diese erfolgt jeweils nach etwa 15 bis 20 Metern und wird mehrmals wiederholt. Bei diesem Hin- und Hergehen bleiben wir stumm, damit sich der Hund an unserer Bewegungsweise orientiert und uns bald von

Wortlos hat sich die Besitzerin entfernt und sich in einer Distanz von 20 bis 30 Metern aufgestellt. Jetzt zählt sie langsam auf 20, wonach sie den Hund klar und kurz, aber nur einmal, ruft.

Der Hund läuft interessiert zur bewegungslos und entspannt verweilenden Besitzerin.

Ist er nahe genug, wird er herbeigenommen und genau wie bei der Übung »Gehen, Anhalten, Setzen« zum Sitzen in der Endposition gebracht.

Man schaltet nochmals eine Pause von mindestens 2 Sekunden ein, bevor man den Hund kurz lobt, wobei er nicht aufstehen darf. Bleibt er sitzen, ist die Übung beendet. Photos: U. Ochsenbein

Das Sitzenbleiben vor Tür und Tor:
1. *Setzen vor dem Tor…*
2. *…Bleiben und…*
3. *…Kommen.*

selbst nachfolgt. Nach einigen Wendungen wird der Hund merklich aufmerksamer und gefügiger an unserer Seite gehen. Jetzt brechen wir die Übung ab und loben den Hund.

Jede weitere Grundübung wird mit dem Gehen und Wenden eingeleitet.

2. Gehen, Anhalten und Setzen

Geht der Hund im Laufe der ersten Übung gut an unserer Seite, wobei die Leine locker durchhängt, leiten wir diese zweite Übung ein, indem wir die Leine mit der linken Hand senkrecht anheben und danach den Schritt verlangsamen bis zum Stillstand.

Da der Hund im Halsband etwas angehoben wurde, setzt er sich oft selbst. Tut er es nicht, bleibt die Leine straff gespannt und wird von der rechten Hand übernommen. Mit der linken Hand wird nun die Kruppe des Hundes angetippt, bis er sich setzt. Hat sich der Hund gesetzt, richten wir uns auf und warten entspannt etwa zwei Sekunden, bevor wir gedehnt »Siiiitz« sagen und dabei die Leine sachte senken. Nach einer weiteren Pause, die wir entspannt neben dem Hund stehend verbringen, loben wir den Hund kurz. Hebt er dabei ab, sagen wir in ruhigem Ton »Nein«, wonach wir den Hund wie oben beschrieben erneut zum Sitzen bringen.

Nun wird wiederum eine Pause eingelegt, bevor wir nach einem ruhig gesprochenen »Komm« uns mit dem Hund in Bewegung setzen. Oder wir leinen ihn ab, richten uns auf, warten zwei Sekunden und ermuntern dann den Hund zum Freilaufen. Dabei wird man noch unerfahrene Hunde nach dem Lösen der Leine anfangs noch am Halsband festhalten.

Schräges sich Hinsetzen des Hundes korri-

giert man erst, wenn sich der Hund schon etwas an die Übung gewöhnt hat. Die Leine bleibt dann ebenfalls straff angehoben und wird von der rechten Hand übernommen. Mit der linken Hand schieben wir den Hund an unsere Seite, richten uns auf und legen die obligate Pause ein, bevor wir die Übung zu Ende führen.

Sobald der Hund nach dem Gehen und Anhalten sicher zu sitzen pflegt, gehen wir zur dritten Grundübung, dem Bleiben, über. Anhalten und Setzen können oft geübt werden, am wirksamsten ist dies bei der Anwendung in der Alltagspraxis. So bei einem Straßenübergang oder zu Beginn und am Ende einer Treppe. Die Anwendungsmöglichkeiten werden später beschrieben.

3. Bleiben (Bildfolge Seiten 56 und 57)

Mit der zweiten Grundübung haben wir den Hund neben uns zum Sitzen gebracht. Dies ist die Ausgangsposition.

Nach einer Pause halten wir dem Hund unsere linke Handfläche vor den Kopf und sagen gleichzeitig ruhig (nicht im Befehlston) »Bleib«. Sogleich nehmen wir die Hand wieder weg und warten aufgerichtet und entspannt zwei Sekunden.

Danach treten wir entschlossen vor den Hund. Bleibt er nicht sitzen, sagen wir ruhig »Nein«, bringen den Hund wieder gemäß der zweiten Grundübung zum Sitzen, wobei wir an derselben Stelle stehen wie zu Anfang. Danach beginnen wir die Bleibübung von vorn.

Bleibt der Hund jedoch sitzen, nachdem wir vor ihn getreten sind, warten wir entspannt, wobei wir zuerst nur wenige Sekunden verweilen, später aber länger. Es ist dies die Wartephase, auf die es am Ende ankommt. Wir blicken in dieser Position den Hund nicht an. Wenn er sich hinlegt, reagieren wir nicht. Während den Grundübungen wird überhaupt kein Unterschied zwischen dem Sitzen und Liegen des Hundes gemacht, er muß nur bleiben.

Sollte der Hund jedoch während der Wartephase abheben und zu uns kommen oder auch nur stehenbleiben, gehen wir in die Ausgangsposition zurück und beginnen die Arbeit ganz von vorn. Grundsätzlich soll der Hund nie während der Bleibübung korrigiert werden, es wird bei jedem Fehler neu damit begonnen. Damit fügen sich für den Hund die einzelnen Handlungsteile zu einem Ganzen zusammen, das ihm fast zum Ritual wird. Dadurch erlangt er eine große Sicherheit in der Durchführung.

Bevor wir nun zum Hund zurücktreten, halten wir ihm die Handfläche erneut vor den Kopf und sagen gleichzeitig, aber nur solange die Hand vorn bleibt, »Bleib«. Nach der obligaten Pause von zwei Sekunden treten wir dann zu ihm zurück, bleiben jedoch aufgerichtet und entspannt stehen. Erst danach wird der Hund kurz mit »Brav Bleib« gelobt. Es ist sehr wichtig, daß nun wiederum eine Pause erfolgt, weil sonst der Hund das Lob sehr rasch als Zeichen auffaßt, daß die Arbeit beendet sei und er sich frei bewegen dürfe.

Der Hund hat also nach dem Lob am Ende der Bleibübung noch eine Weile neben uns zu sitzen, bevor wir ihn dann entweder zum Mitkommen oder zum Freilaufen ermuntern, dies genauso, wie es am Ende der zweiten Grundübung beschrieben ist.

Bemerkungen

Bei der Bleibübung lernt nicht nur der Hund, sondern ebenso sein Besitzer, was eigentlich der Begriff Konsequenz bedeutet. Beide haben sich nämlich an eine sich stets gleich bleibende Handlungsfolge zu halten. Dieses miteinander Lernen fördert die gegenseitige Verständigung zwischen Meister und Hund in überraschender Weise. Aber es belastet den Hund stark, weshalb die Bleibübung zu Anfang nie länger als fünf Minuten dauern sollte.

Es gibt Hunde, die sehr schnell merken, was hier von ihnen verlangt wird, aber auch solche, die mehrmals unerwünscht reagieren, indem sie beim Vortreten des Besitzers mitgehen. Das darf nun den Besitzer nicht aus der Ruhe bringen und ärgerlich oder gar böse stimmen. Damit würde er den Hund nur verwirren und vom Lernprozeß ablenken. Sein Vorgehen wie seine Stimmung sollen stets gleich bleiben, auch wenn es zu Anfang einiger Wiederholungen bedarf, bis der Hund gemerkt hat, was man von ihm verlangt, und es nun auch mit großer Sicherheit ausführt.

Am besten faßt der Besitzer die Bleibübung als Entspannungsübung für sich selbst auf. Dann wird er sich über Fehler des Hundes nicht ärgern, sondern in aller Ruhe das Hörzeichen »Nein« sprechen und die Übung von vorn beginnen. Wie die Erfahrung immer wieder zeigt, erlangt der Besitzer durch dieses, sein konsequentes Verhalten zunehmend Einfluß auf den Hund. Im Hund dagegen wächst das Vertrauen zum Chef. Selbst sehr temperamentvolle Hunde sind auf diese Weise unter Kontrolle zu bringen. Voraussetzung bleibt freilich, daß die Grundübungen mit ihren Pausen und Handlungsteilen exakt durchgeführt werden.

Bei der Erziehung und Ausbildung eines Hundes geht es eben nicht darum, möglichst viel und rasch zu lernen. Im Gegenteil, der Erfolg tritt dann bald ein, wenn wenig verlangt aber exakt geübt wird. Der Hund braucht Zeit, um rasch zu lernen.

4. Das Herbeikommen (Bildfolge Seite 71)

Das Gelingen dieser Übung hängt ebenfalls vom konzentrierten und stets gleichförmig bleibenden Vorgehen des Besitzers ab. Wer hier flüchtig arbeitet, sollte es lieber bleiben lassen. Bemüht man sich jedoch, genau zu sein, bleibt der Erfolg nicht aus. Hat der Besitzer gelernt, wie er sich verhalten muß, damit der Hund merkt, was von ihm verlangt wird, wird dieser sich bald einmal sicher herbeirufen lassen.

Wir arbeiten mit einer Hilfsperson, die dem Hund nicht allzu vertraut sein sollte. Am besten suchen wir uns eine Stelle aus, die kanalisierend wirkt, also einen Waldweg oder ein Sträßchen zwischen Böschungen. Der Ort sollte wenig Ablenkung bieten und nicht stark begangen sein.

Die Hilfsperson hält den Hund zurück, während wir uns wortlos auf etwa 20 bis 30 Meter entfernen. Die Leine führen wir umgehängt oder in der Tasche mit. Wir halten an und wenden uns in Richtung Hund um. Bewegungslos stehenbleibend zählen wir langsam auf zwanzig. Auf unser stets nur einmal zu gebendes »Komm« gibt die Hilfsperson den Hund frei. Er eilt auf uns zu. Bis jetzt sind wir bewegungslos stehen geblieben, auch als wir gerufen haben, und das tun wir weiterhin. Dies selbst dann, wenn der Hund an uns vorbeirennt.

In den meisten Fällen wendet sich der Hund uns wieder zu. Ist er in greifbarer Nähe, erfassen wir ihn am Halsband, heben es an und bringen den Hund wie bei der Grundübung 2 (Setzen) an unserer linken Seite in Sitzstellung. Danach senken wir das angehobene Halsband unter dem Hörzeichen »Siiiitz«. Es ist dies das erste Wort, das er von uns hört.

Danach richten wir uns auf und bleiben entspannt neben dem Hund stehen. Hebt er ab, bringen wir ihn wie zuvor zum Sitzen. Erst nach dieser sehr wichtigen Pause loben wir den Hund mit »Brav Komm«, worauf wir uns wiederum aufrichten. Der Hund wird somit nicht für das Herbeikommen, sondern für das ruhig neben uns Sitzenbleiben gelobt. Diese Position wird für ihn zu einer erwünschten Endstellung, die er beim Ertönen des Rufes bald einmal gerne und sicher einnehmen wird.

Nach einer weiteren Pause leinen wir den Hund an. Auch dabei hat er sitzen zu bleiben. Tut er es nicht, korrigieren wir ihn wie zuvor.

Erst nach einer weiteren Pause ermuntern wir den Hund mit »Komm« zum Weitergehen. Wir können ihn aber auch ableinen und erst nach einer nochmaligen Pause zum Freilaufen auffordern.

Anwendung der Grundübungen in der Praxis

Beim Gewöhnen des Dackels an die Grundübungen werden wir eine Stelle im Garten oder im Spaziergelände aussuchen, wo wir möglichst ungestört sind. Später jedoch wenden wir das Gelernte in der Praxis an. Damit erübrigt sich bald das rein technische Üben. Der Alltag bietet so viele Gelegenheiten zur Anwendung, man muß sie nur erkennen und wahrnehmen. Sobald das Anhalten und Setzen nur einigermaßen sitzt, schalten wir es vor dem

Passieren von Türen und Toren ein, ebenso am Randstein, bevor wir die Straße überqueren. Doch auch beim täglichen Spaziergang läßt sich die Bleibübung mühelos einfügen und erweitern. Es bieten sich dabei viele Variationen an. Diese sollten aber erst dann angefügt werden, wenn die Bleibübung in ihrer Grundform von Hund und Meister sicher ausgeführt wird. Danach kann man zum Beispiel vor dem Hund stehend die Leine auf den Boden legen, nach einer Pause wieder aufnehmen und zurücktreten. Oder man begibt sich nach dem Ablegen der Leine weg vom Hund, zuerst nur einige Schritte, später mehr. Und noch später kann man sich auf Distanz auf eine Bank setzen und den Hund längere Zeit warten lassen, wobei man ihn übrigens nie mit den Augen fixieren sollte. Bei alledem geben wir jedoch vor jeder unserer Handlungen das Hör- und Sichtzeichen (Handfläche) »Bleib«, auch beispielsweise bevor wir uns auf die Bank setzen, und bevor wir wieder aufstehen oder uns in Bewegung setzen. Ebenfalls die in der Grundübung enthaltenen Pausen werden jetzt eingelegt, und zwar wie folgt:

– Nach jedem Hör- und Sichtzeichen, bevor wir die damit angezeigte eigene Aktion durchführen.
– vor jedem Lob, nachdem der Hund eine von ihm verlangte Handlung in erwünschter Weise vollzogen hat.
– Nach jedem die erwünschte Handlung des Hundes bestätigenden Lob, bevor weitergearbeitet wird.

Beim Aufbau der Grundübungen wie bei deren Anwendung in der Alltagspraxis ist Exaktheit unerläßlich. Nur dann ist der Hund in der Lage, in kurzer Zeit zu merken, was wir von

ihm verlangen. Da das oben genau beschriebene Vorgehen bei diesen Übungen dem Auffassungsvermögen des Hundes entgegenkommt, dürfen wir bei konsequenter und konzentrierter Durchführung damit rechnen, unseren Dachshund bald gut unter Kontrolle halten zu können. Besonders wichtig ist dies im Stadtverkehr.

Auf die Kinderstube kommt es an

Nicht jeder Hund ist gleich schwer oder gleich leicht zu erziehen. Es hängt dies von seiner Belastbarkeit und seiner Kontaktfreude ab. Und die wiederum sind nicht rassebedingt, sondern quer durch alle Rassen sehr unterschiedlich vorhanden. Natürlich spielt dabei die Grundlage, die dem Hund vererbt worden ist, eine Rolle. Doch sie ist nicht allein entscheidend.

Was einen Hund vor allem erziehungsfähig macht, ist die Art und Weise, wie er seine Prägungsphase (4. bis 12. Lebenswoche) erlebt hat, wie er in dieser Lebensphase gefördert wurde oder nicht. Es handelt sich somit um seine »Kinderstube«. Sie dauert in ihrem ersten und wichtigsten Teil nur bis zu seiner 12., höchstens 14. Lebenswoche. Was er hier erlebt hat, mit dem bleibt er lebenslang vertraut. Was ihm hier vorenthalten wurde, damit fühlt er sich nach dem Erreichen seiner Reife immer verunsichert.

Beispiel: Der Welpe, der nie mit Kleinkindern in Berührung kommt, wird als erwachsener Hund stets verunsichert sein bei Begegnungen mit Kleinkindern. Er reagiert auf sie entweder scheu ausweichend oder aber aggressiv ange-

Die Entwicklungsphasen des Welpen bis zum Junghund

Zeit	Entwicklungsphase	Körperliche Entwicklung	Verhalten	Konsequenzen
minus 63 Tage	Deckackt	Das Erbgut setzt sich zusammen	Erbliche Vorbestimmung der späteren Wesensart	Die Wahl der Elterntiere wirkt sich aus
Tage 63 bis zur Geburt	Tragzeit	Heranwachsen des Embryos bis zur Geburt		Die Entwicklung hängt vom Wohlbefinden der Mutter ab
Tag null	Geburt	Der Stoffwechsel wird vom Welpen übernommen	Die Mutter entfernt instinktiv die Fruchthülle und nabelt ab	Schwierigkeiten bei der Geburt können die weitere Entwicklung beeinträchtigen
Tage null bis 21	»Neonatale Phase« des Nesthockers	Die Mutter sorgt durch Lecken des Bauches für die Entleerung. Sie frißt die Exkremente und hält den Wurf sauber	Wärmeempfinden und Geruchsvermögen lassen den Welpen die Mutter suchen und die Zitzen finden. Er bewegt sich dabei mit den Vorderbeinen und pendelt mit dem Kopf hin und her (robben)	Ohne angeborenes Saugen und Aufsuchen der Mutter könnte der Welpe nicht am Leben bleiben
vom 4. bis 12. Tag		Nach und nach öffnen sich die Ohren	Hörfähigkeit noch fraglich	
vom 8. bis 14. Tag		Nach und nach öffnen sich die Augen	Anfänglich noch kaum sehfähig, aber bis zum 21. Tag wird die Sehfähigkeit erreicht	Fortbewegung wird gezielter, erfolgt aber noch pendelnd und »robbend«
Tag 22 bis 28 4. Woche	Sensibles Aufnehmen der Umwelt	Das Hirn ist funktionsfähig, reift bis zur 7. Lebenswoche aus	Die Fortbewegung erfolgt nicht mehr durch robben. Der Welpe reagiert stark auf Umwelterscheinungen	Der Welpe sollte nicht aus dem Wurf entfernt und möglichst in Ruhe gelassen werden
5. bis 7. Woche	Welpenwachstum	Rasch zunehmende Beweglichkeit des Körpers. Lernfähigkeit ist etabliert	Erhöhte Aufmerksamkeit und Aktivität. Es bilden sich Gewohnheiten. Sozialisierung mit Geschwistern und Menschen	Welpe muß mit Menschen in Kontakt kommen und beschäftigt werden
Ende 8. Woche	Mögliche Abgabe an Besitzer	Der Welpe ist genügend entwickelt und entwöhnt	Er schließt sich leicht an neue dominante Partner an. Aber die Rangordnungsphase hat er noch nicht erlebt	Bei Übernahme in dieser Zeit muß für viel Kontakt mit andern Hunden gesorgt werden
8. bis 12. Woche	Rangordnungsphase	Beim intensiven Spielen und Rammeln entwickeln sich Muskulatur und Bewegungskoordination	Das Hirn ist voll entwickelt, nur die Erfahrung fehlt. Bei den Rangordnungskämpfen geschieht ein wichtiger Teil der Sozialisierung	Das Erleben der Rangordnungsphase im Wurf prägt das normale Verhalten gegenüber anderen Hunden
12. Woche und Monate 4 bis 5	Mögliche Abgabe an Besitzer (später ungünstig)	Der Welpe ist in jeder Beziehung gut entwickelt und nach guter Aufzucht auch robust	Der Welpe versucht sich – je nach seiner individuellen Veranlagung – stark oder weniger stark durchzusetzen	Das Einordnen ins »Familienrudel« sollte klar und konsequent erfolgen
Monate 6 bis 9	Pubertät	Reifen der Fortpflanzungsfähigkeit	Sensibilität und »Trotzverhalten«	Geduld und Konsequenz sind erforderlich
bis 1½ Jahre	Endentwicklung	Ergänzendes Wachstum	Das persönliche Wesensbild des Hundes zeichnet sich ab	Sinnvolle Beschäftigung des Hundes fördert ein den Verhältnissen angepaßtes Verhalten

hend. Dabei ist nun auch seine ererbte Grundanlage mitentscheidend.

Wichtig zu wissen ist, daß erst in der Folge der Reifung, also ab dem 7. bis 9. Monat, das zum Ausdruck gelangt, was in der Prägungsphase versäumt wurde.

Beispiel: Ein Welpe, der nie mit Motorengeräuschen und mit dem Erscheinungsbild des Straßenverkehrs konfrontiert wurde, kann sich bis zur Reifung dennoch problemlos im Straßenverkehr bewegen.

Doch dann, von einer Stunde auf die andere, beginnt er sich beim Herankommen eines Wagens zu fürchten und erschrocken an der Leine zu zerren.

Um uns nun einen Überblick zu verschaffen auf all das, was mit unserem Dachshund geschehen ist, bevor wir ihn als Welpen übernommen haben, werfen wir am besten einen Blick auf die Tabelle (Seite 77) der Entwicklungsphasen des Welpen bis zum Junghund.

10. Der Dachshund im Straßenverkehr

Nicht jeder Leser wird seinen Hund nach der in diesem Buch empfohlenen Methodik erzogen haben. Doch ob man dies auf andere Weise getan hat oder nicht – immer sollte man das Gelernte auch in der Praxis des täglichen Geschehens anwenden. Es schadet auch nicht, wenn wir jetzt dazu den Hund auf die hier dargelegten Vorgänge umschulen. Im Gegenteil, denn bei der Erziehung eines Hundes liegt in jedem Neubeginn eine große Chance. Der Hund ist dann sehr aufmerksam und aufnahmefähig, er lernt schnell und nachhaltig.

In jedem Fall ist die Anwendung der sogenannten Gehorsamsübungen in der Praxis geboten. Denn ein Hund, der auf dem Übungsplatz zwar schön sitzt, Platz macht und bei Fuß geht, tut dies nicht ohne weiteres in einer veränderten Umweltsituation. So auch nicht im Lärm des Straßenverkehrs. Daran muß er zusätzlich gewöhnt werden. Denn die äußeren Umstände sind stets mitbestimmend für sein Verhalten.

Besonders junge oder sehr temperamentvolle Hunde lassen sich leicht ablenken. Sie sind dann oft schwer ansprechbar und damit wenig lenkbar. Sie dann einfach an der Leine zurückzuhalten oder mitzuzerren, ist wenig sinnvoll. Besser man nimmt sich Zeit, sie zum Durchführen der erlernten Grundübungen auch jetzt anzuhalten. Es lohnt sich, denn so erreichen wir selbst im lärmigsten Verkehr einen gehor-

samen Hund. Damit ist eine optimale Verkehrssicherheit gegeben. Wie man die erlernten Grundübungen anwenden kann, zeigen wir anhand der folgenden Beispiele.

Das Sitzenbleiben vor Tür und Tor (Bildfolge Seite 72)

Wer seinem Hund das Sitzen mit der üblichen Befehlsmethode beigebracht hat, tut gut daran, in einer das Tier ablenkenden Situation etwas anders vorzugehen. Denn sonst ist er gezwungen, den Befehl sehr laut zu geben und ihn mehrfach zu wiederholen. Hinzu kommt, daß ja oft Passanten sein Vorgehen beobachten. Das führt bei der leider immer noch angewandten Befehlsmethode in Anwesenheit anderer Leute dazu, daß man nur halbherzig arbeitet, oder es lieber gleich bleiben läßt und den Hund mit der Leine dirigiert. Bei der Ausbildung über die Verständigung mit dem Hund, wie wir sie empfehlen und hier anführen, geschieht dies nicht. Es geht damit alles ruhig zu, laute und wiederholte Befehle gibt es nicht. Man bleibt mit seinem Hund sozusagen gesellschaftsfähig.

Lernschritt 1
Verlassen wir mit dem angeleinten Hund unseren Wohnbereich, bringen wir ihn vor dem ge-

schlossenen Gartentor – es kann auch die geschlossene Haustüre sein – sanft, aber bestimmt zum Sitzen. Dazu heben wir das Halsband deutlich an und belasten mit leichtem Fingerdruck die Kruppe des Tieres. Erst wenn der Hund sitzt, bekräftigen wir mit dem gedehnt und lobend gesprochenen Hörzeichen »Siiiitz« sein Tun. Gleichzeitig lassen wir die Leine wieder locker. Nach einer nicht zu kurzen Pause öffnen wir das Gartentor beziehungsweise die Haustür. Erhebt sich jetzt der Hund, sprechen wir ein ruhiges »Nein«, schließen das Tor oder die Tür und bringen den Hund erneut wie zuvor zum Sitzen. Diesen Vorgang wiederholen wir, bis der Hund beim Öffnen sicher sitzenbleibt.

Fehler: Gehen wir nicht exakt und mit großer Gelassenheit vor, dazu mit aller Konsequenz, bleibt die Übung wirkungslos. Überlegen wir uns also zuerst, ob wir heute wirklich genügend Zeit und Geduld aufbringen. Ist dies nicht der Fall, nehmen wir die Übung besser gar nicht in Angriff. Jede Erregung und Ungeduld wäre falsch.

Tip: Fassen wir diese und jede andere Übung mit dem Hund als Entspannungsübung für uns selbst auf, erreichen wir das angestrebte Ziel schneller und sicherer. Unser absolut ruhiges (weil entspanntes) Verhalten überträgt sich nämlich auf den in dieser Beziehung sensibel reagierenden Hund. Er wird damit stärker beeinflußt, als mit schimpfen und drohen.

Lernschritt 2

Nun treten wir nach einem freundlichen »Komm« mit dem Hund vor das Tor oder die Tür und bringen ihn hier ein zweites Mal zum

Sitzen wie oben beschrieben wurde. Danach schließen wir das Tor oder die Tür. Auch jetzt achten wir darauf, daß der Hund in Sitzstellung verbleibt. Tut er das nicht, reagieren wir genau wie zuvor. Das heißt: Wir öffnen Tür oder Tor erneut und beginnen wieder mit dem Setzen des Hundes an unserer Seite.

Fehler: Ein herzliches Lob erhält der Hund nicht irgendwann, sondern erst dann, wenn die Übung erfolgreich beendet ist. Und beim Lob darf der Hund nicht die Sitzstellung verlassen, sonst müssen wir die Übung – ganz von vorn beginnend – wiederholen. Nach dem Lob dürfen wir nicht einfach weitergehen, sondern wir richten uns auf, machen eine Pause, sprechen freundlich »Komm« und setzen uns daraufhin in Bewegung.

Tip: Auch ein Hund, der zuerst willig reagiert hat auf unser Vorgehen, kann sich plötzlich zu sträuben beginnen. Das ist ein wichtiger und begrüßenswerter Augenblick. Denn nun bietet sich die Gelegenheit, uns in aller Ruhe bei dem Hund durchzusetzen. Das geschieht durch unentwegtes und exaktes Wiederholen der Übung. Dabei stellen wir uns innerlich mit Vorteil auf eine fünffache Wiederholung ein. Das hilft uns, unter allen Umständen gelassen zu bleiben. Der Erfolg wird sich in der Regel früher einstellen.

Ist dieses Vorgehen zu kompliziert?

Sollten dem Leser die oben beschriebenen Vorgänge zu kompliziert und aufwendig erscheinen, möge er bedenken, daß es sich um angewandte Übungen handelt, die unter erschwerten Bedingungen durchgeführt werden. Sie bringen den Hund dort unter seine Kontrolle, wo dies im Alltag unbedingt erforderlich ist. Daß dies nützlicher und wirkungsvoller ist, als wenn wir es bei Gehorsamsübungen auf dem grünen Rasen belassen, wurde bereits gesagt. Die Erfahrung zeigt übrigens, daß in jedem Falle, wo man sich die Mühe nimmt, beim Verlassen des Hauses oder des Gartens derart minutiös vorzugehen, mehr als das direkt angestrebte Ziel erreicht wird. Es bildet sich dabei nämlich fast mühelos eine bessere Verständigung zwischen dem Besitzer und seinem Hund. Das ist dann unschwer am sicheren Umgang des Meisters mit seinem vierbeinigen Hausgenossen und dessen Ansprechbarkeit und Folgsamkeit zu erkennen. Zudem gewöhnt sich dabei der Hund daran, weder Türen noch Tore im Schnellgang zu passieren.

Das Überqueren einer Fahrbahn

Lernschritt 1

Wir bringen den Hund am Trottoirrand zum Sitzen, genau gleich, wie wir das vor dem Gartentor gemacht haben. Danach warten wir aufgerichtet und entspannt einige Sekunden. Bleibt der Hund sitzen, beginnen wir nach einem freundlich gesprochenen »Komm« die Straße zu überqueren. Bleibt der Hund nicht in Sitzstellung, bringen wir ihn nach dem ruhig zu sprechenden »Nein« erneut zum Sitzen.

Fehler: Auch hier wirkt sich jede Unsicherheit im Vorgehen negativ aus. Das bedeutet: Der Hand kann nur dann merken, was wir von ihm erwarten, wenn wir konzentriert und stets in gleicher Weise handeln. Unüberlegtes, hastiges Durchführen ist somit falsch. Man sollte nie etwas »noch schnell« mit seinem Hund tun wollen, nur damit es erledigt ist.

Das Überqueren einer Fahrbahn:
1. *Setzen am Randstein*
2. *Am Randstein sitzend gewöhnt sich der Hund rasch an die vorbeifahrenden Wagen.*

Tip: Fühlen wir uns nicht in Stimmung, um ruhig und genau vorgehen zu können, oder ist die Situation dazu ungünstig (zum Beispiel wenn viele Personen nachdrängen), lassen wir die Übung besser bleiben. Wir führen den Hund ganz einfach an der Leine über die Straße und verlangen nichts weiter von ihm. Das ist nicht schlimm, denn jeder Hund kann verschiedene Einflußbereiche unterscheiden. So wird er dennoch ansprechbar für späteres exaktes Vorgehen bleiben. Und mit der Zeit wird er von sich aus vor dem Passieren eines Verkehrsweges absitzen.

Lernschritt 2

Drängt sich der Hund beim Überqueren der Straße ins Halsband, nehmen wir ihn massiv zurück und geben die Leine unverzüglich wieder frei, so daß sie locker durchhängt. Dabei verändern wir unser Schrittempo nicht. Auch wirken wir nicht zusätzlich mit Worten auf den Hund ein.

Fehler: Leinenführigkeit sollte man beim Junghund nicht mit dem Beifußgehen erreichen wollen. Das Gehen exakt am linken Knie des Führers ist eine hundesportliche Übung, die der entsprechenden Ausbildung vorzubehalten ist.

Tip: Es lohnt sich, den Hund anfangs nur an das Mitgehen bei locker durchhängender Leine zu gewöhnen, ohne dabei mit Hörzeichen wie »Fuß!« auf ihn einzuwirken. Dies ist mit Gehen und mehrfachem Wenden auf einer geraden Linie recht bald anzugewöhnen. Für die alltägliche Praxis genügt das vollauf.

Lernschritt 3

Auf dem gegenüberliegenden Trottoir ange-

langt, bringen wir den Hund erneut in Sitzstellung, ohne zuvor unsere Gehrichtung zu verändern. Der Hund sitzt also mit dem Rücken zur Straße. Nach einer Pause, wobei man wenn möglich eines oder mehrere Fahrzeuge passieren läßt, gehen wir nach einem freundlich gesprochenen »Komm« weiter.

Fehler: Besonders fehlerhaft ist bei dieser angewandten Übung ein innerer Widerstand des Besitzers gegen das empfohlene Vorgehen. Handeln wir nämlich halbherzig, merkt das der Hund sofort, und er entzieht sich dann unserem Einfluß. Deshalb sei hier die Begründung dafür gegeben, warum man nach dem Überqueren der Fahrbahn den Hund nochmals zum Sitzen bringt. Dadurch ergibt sich beim Hund eine deutlich wahrnehmbare Fixierung auf diesen Punkt jenseits der Straße. Er stellt sich zunehmend darauf ein, überquert geradlinig und bleibt gut unter Kontrolle.

Tip: Mit temperamentvollen Hunden empfiehlt es sich ganz besonders, dieses Vorgehen auch bei Treppen anzuwenden. Danach ist der Hund oben an der Treppe und, zum zweitenmal, am Treppenfuß in Sitzstellung zu bringen. Damit setzen wir die Gefahr herab, vom Hund beim Begehen der Treppe umgerissen zu werden, was schon oft zu Unfällen geführt hat.

Mit dem schreckhaften Hund im Stadtverkehr

Zeigt ein junger Hund beim Herannahen von Fahrzeugen deutlich Angst, sollte man ihn nicht mit Tätscheln und Worten beruhigen wollen. Der Hund empfindet dies als Lob für sein Fehlverhalten, das sich damit in der Folge zunehmend verstärkt. Besser tun wir so, als bemerkten wir seine Verunsicherung gar nicht. Erst wenn er sich beruhigt hat, wird er herzlich gelobt.

Es ist in jedem Fall von Angstreaktionen richtig, daß wir den Hund sich selbst überlassen. Nur dann hat er die Möglichkeit zu lernen, daß ihm bei den ihn schreckenden Erscheinungen nichts passiert. Drängt er sich jedoch in die Leine, sozusagen um zu flüchten, befördern wir ihn mit aller Kraft zurück und geben die Leine gleich wieder frei, so daß sie locker durchhängt. Jetzt steht oder sitzt der Hund wieder im Gleichgewicht. Das gibt ihm die beste Chance, sich an den Verkehr, der ihn ängstigt, zu gewöhnen.

Das beste Mittel, um einen unsicheren Hund zu beruhigen, besteht in der Ablenkung. Haben wir ihn schon soweit erzogen, daß er bestimmte Übungen auf unser Hörzeichen hin willig ausführt, können wir darauf zurückgreifen. Es ist oft erstaunlich, wie ein verunsicherter Hund seine Gelassenheit zurückgewinnt, sobald man mit vertrauten Worten und Zeichen etwas von ihm verlangt, das er schon zu tun gewohnt ist und wofür er auch jedesmal gelobt worden ist. Als eine wirksame Übung zur Ablenkung des Hundes bietet sich die oben erwähnte Sitzübung an.

Der Hund im und um das Auto

Beim Besteigen und Verlassen des Wagens bieten sich uns täglich einige sehr nützliche Übungsmöglichkeiten an. Vor dem Einsteigen lassen wir den Hund sich setzen und fordern ihn zum Bleiben auf. Dann erst öffnen wir die Wagentür, wobei der Hund auf seinem Platz zu verharren hat. Nach einer Pause muntern wir ihn zum Besteigen des Wagens auf.

Beim Aussteigen öffnen wir die Wagentür, wobei wir den Hund mit Hör- und Sichtzeichen zum Bleiben auffordern. Nach einer Pause wird er zum Herauskommen ermuntert, indem man ihn korrekt abruft und an der Seite zum Sitzen bringt. Hier fordern wir ihn zum Bleiben auf, wonach wir den Wagen schließen. Dann treten wir zum Hund zurück, der an dem zugewiesenen Platz auf uns gewartet hat.

Mit diesem Vorgehen beugen wir jenen Unfällen vor, die sich immer wieder mit Hunden ergeben, welche unkontrolliert aus einem Wagen stürmen. Sei es aus Bewegungsdrang, sei es, weil sie beim Anhalten des Wagens von uns unbemerkt irgend etwas erblickt haben, das sie zum Verfolgen reizt. So etwa einen fremden Hund oder eine Katze.

Was beim Mitführen eines Hundes im Auto zu beachten ist

– Der Hund gehört auf der Fahrt in den hinteren Bereich des Wagens. Er ist möglichst so zu sichern, daß er den Lenker nicht beeinträchtigen kann, auch bei einer Vollbremsung nicht. Es ist ihm soviel Raum zu gewähren, daß er sich hinlegen kann. Wer ganz sicher gehen will, ohne Netz oder ein Gitter zu montieren, kann sich im Fachhandel eine Anschnallgurte für Hunde besorgen.
– Im parkierten Wagen darf der Hund nicht angeleint zurückgelassen werden, da er sich strangulieren könnte. Es sind weder Eßwaren noch gefährliche Stoffe wie Putzmittel

für den Hund erreichbar im Fahrzeug zu belassen.

- Im stillstehenden Wagen benötigt der Hund genügend Frischluft, auch im Winter. Im Sommer ist zu beachten, daß die Sonne sich bewegt und die Schatten rascher wandern, als man oft annimmt. Die Fenster sind beidseitig mehr als spaltbreit zu öffnen, dies auch dann, wenn der Wagen im Schatten steht.

- Das Auto wird mit Vorteil dort parkiert, wo möglichst wenig Personen mit oder ohne Hund vorbeigehen. Erregt sich der Hund im Wagen, könnte er bei geöffneten Fenstern die Passanten verletzen. Um dem vorzubeugen, sind in der Scheibenöffnung einzuklemmende Scherengitter nützlich. Nimmt man durch Verhängen der Fenster dem Hund die Sicht, bleibt er ruhiger. Freilich muß auch dann die Durchlüftung gewährleistet bleiben. Bleibt man länger weg, sollte man ab und zu eine Kontrolle machen.

- Vor jeder Fahrt sollte der Hund etwas bewegt und versäubert werden. Ist man länger unterwegs, nimmt man Wasser und ein geeignetes Gefäß mit, um ihm dieses auch vorsetzen zu können.

- Der noch nicht ans Auto gewöhnte Hund sollte während der Fahrt von einer Person betreut werden. Zeigt er durch Speichelfluß oder Unruhe an, daß ihm schlecht wird, hält man kurz an und bewegt ihn an der Leine einige Schritte. Dies lohnt sich, da ein Hund, der einmal im Wagen erbricht, dies dann während längerer Zeit tun wird. Um das zu verhindern, empfiehlt sich eine ruhige Fahrweise, dies besonders auf kurvenreichen Strecken.

Außerdem kann man den noch nicht autofesten Hund mit einem Spielzeug oder einem Kauknochen ablenken, was sich in manchen Fällen bewährt hat.

- Beginnt der Hund im Wagen zu kläffen, sollte man ihn weder zu beruhigen versuchen noch ihn ausschelten. Mit beidem verstärkt sich nur sein Kläffen. Denn die Beruhigung empfindet er als Lob für sein Fehlverhalten, und aus dem Schelten hört er nur unsere eigene Erregtheit heraus und fühlt sich unterstützt. Besser wirkt auch hier Ablenkung in irgendeiner Form. Notfalls muß man dem Hund die Sicht nach außen nehmen, was am leichtesten mit einer Transportbox zu machen ist.

- Ganz allgemein läßt sich sagen: Der Hund ist ein Gewohnheitstier. Wendet man Geduld gepaart mit Konsequenz an, ist er bald einmal zu einem gewünschten Verhalten zu bringen. Wer zu bequem ist dazu, sollte nicht dem Hund, sondern sich selbst Vorwürfe machen, wenn sich eine unerwünschte Gewohnheit im Tier festsetzt.

11. Die Jagd und ihre Hunde

Diesem Kapitel möchte ich ein Zitat des welt-
berühmten spanischen Dichters und Philoso-
phen, Ortega y Gasset, selbst Nichtjäger, vor-
anstellen:

»Da ist der Hund, der von jeher aus eigenem
Antrieb ein begeisterter Jäger war.
Infolgedessen bezieht der Mensch in sein
Jagen das Jagen des Hundes ein
und führt so die Jagd zur höchsten
Vervollkommnung, zur vollendeten Form.«

Jagd und die dazu eingesetzten Hunde bilden seit Menschengedenken eine unzertrenn-
bare Einheit. Die Jagdausübung mit den Hunden läßt sich auf Jahrtausende zurück genau
verfolgen. Für die Ureinwohner unserer Erde
bedeuteten Fischen und Jagen eine lebens-
notwendige Beschäftigung. Die Domestizierung des Hundes, damals wirklich noch der
direkte Nachkomme von Wolf, Schakal und
Koyote, läßt sich dank der heutigen Forschung

Der Hund als Jagdgehilfe des Menschen in vorgeschichtlicher Zeit.

bis in den Zeitraum von 5000–2000 v.Chr. nachweisen. Worüber einzig noch Unklarheit herrscht, ist die Frage, wie sich der Haushund über die Erde verbreitet hat. Bereits die alten Ägypter züchteten beispielsweise neben spitzartigen und dachshundähnlichen Hunden auch elegante Windhunde und hängeohrige Bracken. Die Assyrer besaßen riesige Doggen, und zur Zeit der Griechen und Römer gab es neben eifrigen Schäferhunden auch wetterharte Hirtenhunde, mehrere Jagdhundschläge und erstmals konnten hier auch winzige Schoßhunde nachgewiesen werden. In der Tat blieb im Verlauf der Zeit praktisch keine Eigenschaft, kein Merkmal vom züchterischen Eingriff durch den Menschen unbeeinflußt.

Im Mittelalter, d.h. bis zur Revolution im Jahre 1848 war die Jagd, und damit verbunden die Zucht und Ausbildung von Jagdhunden, den Fürsten- und Königshöfen und teilweise auch den Klöstern vorbehalten. So verzeichnete bereits schon im 15. Jahrhundert das Kloster Einsiedeln bei den italienischen Fürstenhäusern einen großen Ruf und Ansehen wegen seiner Zucht der Schwyzer Laufhunde.

Besonders berühmt sind die von den Mönchen des St. Hubertus-Klosters (Belgien) im Mittelalter gezüchteten Spür- und Leithunde, dem Chien de St. Hubert. Bei der damaligen Jagdausübung der Parforcejagd, der Jagd zu Pferd mit der Hundemeute (Foxhounds, Beagle, Harrier sowie einige französische Rassen) kam dem Leithund eine besondere Bedeutung zu. Die Parforcejagd im eigentlichen Sinne wird heute nur noch in wenigen Gegenden in Frankreich und England durchgeführt. Der Leithundeführer mußte mit seinem ausgebildeten Hund, an der langen Leine, die kalten Fährten der Hirsche ausgehen und anhand seiner Beobachtungen seinem Jagdherrn genaue Angaben über Geschlecht und Alter der ausgefährteten Hirsche machen. Aufgrund dieser Angaben erfolgte dann die Weisung, was gejagt werden durfte. Aus diesem Hubertus-Leithund wurde dann vor rund 100 Jahren im »Jägerhof Hannover« der hervorragende »Hannoversche Schweißhund« herausgezüchtet.

In die Zeit nach der Revolution fällt denn auch der Beginn einer allgemein gezielten Zucht von Jagdhunden. Es waren vor allem die Vorstehhunde-Rassen, die Brackenartigen, die Dachshunde und Foxterrier, welche alle zahlenmäßig stark vertreten waren. Zucht und Ausbildung wurden stark gefördert, denn es wurde schon früh erkannt: Erst durch eine gezielte Ausbildung wird aus einem Jagdhund ein brauchbarer Jagdhund.

Die Ausbreitung der Jagdhunde-Rassen begann um die Jahrhundertwende, wurde durch die beiden Weltkriege unterbrochen, um dann ab ca. 1950 erneut anzusteigen. In seinem 1967 erschienenen Buch »Die Jagdhunde« beschrieb Prof. Dr. E. Hauck rund 225 verschiedene Jagdhunderassen. Viele davon werden nicht mehr gezüchtet oder sind in andere Rassevarietäten eingeflossen.

Nachdem sich die Rassen und ihre jagdliche Verwendung weitgehend gefestigt hatten, erfolgte durch die FCI die Einteilung in:

- Erdhunde   Dachshunde, Fox- und Jagdterrier
- Stöberhunde   Wachtel, Spaniel, brackenartige Hunde
- Vorstehhunde   Deutsche, französische und ungarische Rassen, Setter und Pointer

– Laufhunde	Schweizer Lauf- und Niederlaufhunde, französische und italienische Rassen
– Schweiß- und Apportierhunde	Hannoversche und Bayerische Schweißhunde, Dachsbracke und Retriever-rassen.

Den Dachshund finden wir bei den Erdhunden eingeteilt, was eigentlich nicht ganz richtig ist, wenn wir die vielen guten anderen Eigenschaften ebenfalls in Betracht ziehen.

Der Dachshund ist, immer in Anbetracht seiner Größe und seiner Konstitution, ein hervorragender und vielseitiger Jagdgefährte. Der Jäger darf aber die Fähigkeiten und Möglichkeiten seines Hundes nie überschätzen.

Der Dachshund, von seinem Ursprung her die Zwergform einer Bracke, verfügt über eine hervorragende Nasenleistung gepaart mit dem Spurlaut und nicht zu vergessen, mit »Jagdverstand«. Er ist der prädestinierte Hund für die Stöberjagd. Dank seinen kurzen Läufen ist er gezwungen, seinen Kopf und seine Nase tief zu tragen. Im Gegensatz zu den hochläufigen Hunden findet er die Fährte nicht mit hoher Nase, sondern nimmt die Gerüche direkt wahr, welche durch die Bodenverletzungen des ziehenden oder flüchtenden Wildes entstanden sind. Dieser Umstand zwingt ihn, eine Fährte genau »fährtentreu« auszuarbeiten. Ein weiterer Vorteil dieser Fährtenarbeit mit tiefer Nase ist, daß das Wild eher vertraut flüchtet und auch wieder stehen bleibt und sich nach der Störung umsieht, als dies bei einem großen und schnelleren Hund der Fall ist. Der Dachshund ist in der Regel kein langjagender Hund,

er kehrt meist nach 10–15 Minuten wieder zum Führer oder Treiber zurück.

Das A und O des Stöberhundes ist sein anhaltender Spurlaut, solange er sich auf der warmen, d.h. frischen Fährte befindet. Stumm jagende Hunde sind die bösen Gespenster im Wald, sie versetzen das Wild in Panik. Damit der Spurlaut und auch die Fährtentreue genau festgestellt werden können, erfolgt die Spurlautprüfung im Feld auf den für den Hund nicht sichtbaren Hasen.

Dank seiner hervorragenden Nasenleistung, seiner Passion und seines Fährtenwillens ist der Dachshund von einigen wenigen Ausnahmen abgesehen, der ideale Hund für die Nachsuche – d.h. die Schweißarbeit – nach verletztem oder verendetem Wild, ungeachtet, ob die Ursache im Jagdbetrieb oder – was leider vermehrt der Fall ist – im Straßenverkehr liegt. Durch den ständig zunehmenden Straßenverkehr, stets besser ausgebaute Straßen, welche zum schnellen Fahren verleiten, steigen die Wildunfälle mit Motorfahrzeugen an. Auf Naturstraßen wird zwangsläufig etwas langsamer gefahren, und das Schalenwild findet hier eine bessere Bodenhaftung als auf Asphalt oder Beton. Es kommt nicht immer zu sofort tödlichen Verletzungen. Das verletzte Wild kann noch wegziehen und würde, wenn es der Jäger mit seinem guten Nachsuchehund nicht fände, irgendwo elendig verenden.

Der Nachsucheführer muß aber stets das Leistungsvermögen seines Dachshundes richtig einschätzen. Für die Nachsuche auf ein verletztes Wildschwein oder Rotwild, dort wo angenommen werden muß, daß das Tier noch lebt, muß unbedingt eine große, wildzeugscharfe Rasse eingesetzt oder mitgeführt werden.

Die 3. Spezialität des Dachshundes ist die Bauarbeit, d.h. die Jagd auf Fuchs und Dachs im Naturbau. Hier ist der Hund ganz allein auf sich selbst und seinen Jagdverstand angewiesen. Normalerweise versucht der Hund den Fuchs zu sprengen, d.h. ihn durch sein aggressives Verhalten zu veranlassen, den Bau zu verlassen. Dies gelingt nicht in jedem Fall, es kommt oft zu einem zeitlich langen Vorliegen des Hundes vor dem Fuchs oder Dachs. Weniger gut ist es, wenn der Fuchs, veranlaßt durch das harte Vorliegen des Hundes, sich verklüftet und damit u.U. den Hund gefährden kann. Für den Jäger beginnt nun ein langes und nervenraubendes Warten auf seinen Hund. Besondere Vorsicht ist bei Felsbauten geboten, denn hier ist ein allenfalls notwendiges Graben nach dem Hund oft kaum möglich. Vom gleichzeitigen Einsetzen von Hunden ist abzuraten, es sei denn, man besitzt zwei Hunde, welche absolut auf gemeinsame Arbeit eingespielt sind. Die anhaltend große Fuchspopulation und die damit auftretenden Fuchskrankheiten wie Tollwut, Fuchsbandwurm (s. Abschnitt Krankheiten) verlangen eine waidgerechte Bejagung dieses Wildes. Durch vorgängiges Üben im Kunstbau – heute sind dies meist nur noch Anlagen ohne direkten Kontakt zwischen Fuchs und Hund – läßt es sich feststellen, ob der betreffende Dachshund für diese Jagdart eingesetzt werden soll oder nicht.

Der Jagdeinsatz der Dachshunde wäre unvollständig aufgezählt, wenn das Kaninchensprengen (Karnikel) des Kaninchendachshundes unerwähnt bliebe. Diese Jagdart ist auf wenige Gebiete in Norddeutschland und Holland, vor allem an Deichen und Bahndämmen, beschränkt.

Jede der vorgestellten Jagdarten setzt Gehorsam, Appell und jagdliches Verhalten voraus. Gehorsamkeit und Leinenführigkeit gehören aber auch zum Alltag. Mit einem wohlerzogenen Hund dürfen Sie sich überall blicken lassen. Alles Wissenswerte über diese Grundausbildung finden Sie in den Kapiteln »Begleithundeprüfung« und »Erziehen leicht gemacht«.

Was für die Haltung eines Dachshundes als Jagdhund spricht, ist daß er dank seiner Größe problemlos in der Wohnung gehalten werden kann. Auch stellt er für seine Beförderung, sei es im öffentlichen Verkehrsmittel oder im eigenen Auto, keine besonderen Ansprüche. Ein Dachshund, der als Jagdhund gehalten wird, sollte aber regelmäßig jagdlich eingesetzt werden, damit er seine Fähigkeiten stets unter Beweis stellen kann. Ich meine damit nicht nur im Herbst während einiger Wochen.

Abschließend noch einige Worte allgemeiner Natur zur Jagdausübung. Vielfach herrscht hier die irrige Meinung, der Jäger zieht zur Jagd und schießt alles, was ihm vor die Flinte kommt. Die Aufgabe des Jagdausübenden ist nicht in erster Linie zu töten, sondern mitzuhelfen, einen den Gegebenheiten angepaßten Wildbestand aufzubauen und zu erhalten. Waren es früher Bär, Wolf und Luchs, welche kranke und schwache Tiere rissen um selbst zu überleben, so ist es heute Aufgabe des Jägers, in Zusammenarbeit mit der Forst- und Landwirtschaft, einen gesunden und von der Altersstruktur her tragbaren Wildbestand zu erhalten.

Durch die unterschiedlich große und vielfältige Beunruhigung sind hauptsächlich Reh- und Rotwild zu ausgesprochenen Nachttieren geworden. Es ist vor allem die starke Beunruhigung im Erholungswald in der Nähe größerer Städte und Ausflugsgebiete, wie aber auch teilweise die intensive landwirtschaftliche Nutzung, welche das Wild zwingen, im Wald zu verbleiben und erst nach einbrechender Dunkelheit auszutreten. Die Folge dieses Zwanges, im Einstandsgebiet zu verharren, ist ein übermäßiger Verbiß an den Jungpflanzen. Einzäunungen sind eine notwendige Behelfsmaßnahme, Laubholz muß eingefriedet werden, um überhaupt aufzukommen, denn die jungen Triebe sind für das Wild ein Leckerbissen. Jede Einzäunung sollte jedoch nur solange stehen bleiben, bis die zu schützenden Jungpflanzen eine gewisse Höhe erreicht haben. Jede Einzäunung nimmt dem Wild ein Stück seines Lebensraumes weg und führt damit zum Verbiß an anderer Stelle.

Zu den besonderen Aufgaben, denen sich der Jäger anzunehmen hat, gehören:
– Förderung der freilebenden Tierwelt durch Schutz und Erhaltung eines artenreichen und gesunden Wildtierbestandes und damit verbunden die Sicherung der Lebensgrundlagen unter Wahrung des Umwelt- und Naturschutzes, der Landwirtschaft sowie des Tierschutzes.
– Schäden durch das Wild in einer ordentlich betriebenen Land- und Forstwirtschaft zu vermeiden, resp. die notwendigen Abwehrmaßnahmen zu schaffen.
– Den Wildbestand unter Berücksichtigung seiner Sozialstruktur richtig zu nutzen.
– Sorge zu tragen, daß die zum Schutz des freilebenden Wildes erlassenen Gesetze auch eingehalten werden.

Zu den Aufgaben und Zielen der Jagd gehört nebst Hege-, Jagd- und Biotopschutz, die

Selbst der Jäger nimmt im Wald seine Hunde an die Leine.

nachhaltige Nutzung des Wildes. Der verantwortungsbewußte Jäger gewährleistet damit die Verwertung von gesundem Wildbret.

Für Ruhe und Sicherheit zu sorgen, und damit verbunden, den freilebenden Wildtieren ein artgerechtes Überleben zu ermöglichen, ist nicht die alleinige Aufgabe des Jägers. Jedermann ist hier aufgerufen, seinen Anteil beizusteuern. So muß vom Hundehalter verlangt werden, daß er seinen Hund zur Brut- und Setzzeit ausschließlich an der Leine führt. Dies nicht nur im Wald, auch entlang der Waldränder. Dickungen im Wald, beliebte Einstands- und

Ruhezonen des Wildes, sollten nicht betreten werden. Mountainbiking und Reiten quer durch den Wald kann nebst der Störung des Wildes auch Ursache von Verkehrsunfällen werden.

Die waidgerechte Bejagung des Wildes ist ohne brauchbaren Jagdhund nicht möglich. Es ist ethische Pflicht, daß genügend brauchbare Jagdhunde zur Verfügung stehen. Das heißt nun aber nicht, daß jeder Jäger einen Hund führen muß, die Qualität steht auch hier vor der Quantität. Jagdhunde nur aus Prestigegründen mitzuführen, ist abzulehnen. Jeder Jagdhund sollte seiner Fähigkeit oder seinem speziellen Können entsprechend eingesetzt werden, damit er nicht verkümmert.

Der Jäger wird oftmals direkt mit Wildkrankheiten und Wildseuchen konfrontiert, deren Ursache vielfach auf den Streß und die große Unruhe zurückzuführen ist, denen die freilebenden Tiere ausgesetzt sind. Einige dieser Krankheiten wie z.B. Tollwut, Fuchsbandwurm oder die Schweinepest, stellen auch eine unmittelbare Gefahr für den Menschen dar.

Die Jagdberechtigung kann wohl von jedermann, der in bürgerlichen Rechten steht, erworben werden. Es bedingt aber das Bestehen der nicht einfachen Jägerprüfung, welche vielerorts mit dem vorgängigen »grünen Lehrjahr« oder Hegestunden verbunden ist. Die wichtigsten Gebiete der Prüfung sind: Jagdrecht, Waffenhandhabung und Schießen, Wild- und Waldkunde u.a.m. Wie bereits schon erwähnt, allein die Prüfung berechtigt noch nicht zum freien Schießen, es gehört zur Pflicht bei der Revierjagd, jährlich einen Abschußplan aufgrund des vorhandenen Wildbestandes einzureichen. Dieser Abschußplan unterliegt der Genehmigung durch die Jagdbehörde.

Die Stellung des Jägers in der Öffentlichkeit, aber auch sein allgemeines Ansehen hängt davon ab, wie er sich der Allgemeinheit gegenüber verhält. Umgekehrt darf man aber auch vom Nichtjäger erwarten, daß er gegenüber der Jagd ein gewisses Verständnis aufbringt.

Ein gesunder und stabiler Wildbestand, Artenvielfalt und Erhaltung von bedrohten Wildarten sind die Wertmaßstäbe, nach denen der Jäger seine Leistungen mißt.

Noch ein Wort zu den Jagdsystemen. Am verbreitetsten ist die Revierjagd, d.h. ein bestimmtes Gebiet (Jagdrevier, Jagdbezirk). Dieses umfaßt meistens das Territorium einer Gemeinde, wird mittels eines Pachtvertrages für eine bestimmte Zeitdauer (6–10 Jahre) an geprüfte Jäger in Pacht gegeben. Diese Jagdgruppe hat nun das Recht der Jagdausübung in diesem Gebiet aufgrund der gesetzlichen Bestimmungen. In Deutschland und Österreich kennt man auch die Eigenjagd, d.h. die Jagd auf der zusammenhängenden Grundfläche einer land- und forstwirtschaftlich nutzbaren Fläche, die im Eigentum ein- und derselben Person steht. In der Schweiz gibt es zwei verschiedene Systeme, die Revier- und die Patentjagd, letztere hauptsächlich in den Gebirgs-Kantonen. Im Gegensatz zur Revierjagd, wo der Jagdpächter während des ganzen Jahres mit jagdlichen Aufgaben betreut ist, wird die Patentjagd nur während einer relativ kurzen Zeit ausgeübt. Je nach Wildart müssen unterschiedliche Patente gelöst werden, z.B. Hochjagd, Niederjagd, Raubwildjagd. Was erlegt werden darf, bestimmen die Jagdbehörden. Jedermann kann ein Patent lösen, vorausgesetzt, daß er die Jägerprüfung bestanden hat.

12. Prüfungsformen

Die Begleithunde-Prüfung (BHP)

Wie bereits erwähnt, wurde zu Beginn unseres Jahrhundert der Dachshund ausschließlich als Jagdhund gezüchtet und gehalten. Im Verlaufe der Jahre, hier vor allem in der Zeit nach dem 2. Weltkrieg, ist die Zahl der Halter eines Dachshundes als reiner Familienhund gewaltig gestiegen. Mit dem Dachshund, einem ausgesprochen lern- und spielfreudigen Hund, sollte aber im Interesse von Halter und Hund gezielt gearbeitet werden.

Der DTK hat hier richtigerweise eine Lücke erkannt und zu diesem Zweck im vergangenen Jahr die Begleithunde-Prüfung geschaffen. Diese Prüfung besteht aus 3 verschiedenen Einzelteilen sowie der Gesamtprüfung. Die BHP in der nachstehend auszugsweise wiedergegebenen Form wird künftig durch die Dachshundeklubs der Länder Deutschland, der Schweiz und Oesterreich allen Interessenten angeboten.

BHP – Prüfungsordnung
– Die Prüfung ist aufgegliedert in: Gehorsam, Umweltverhalten und Führersuche/Wasserfreude.
– Die Begleithundeprüfung dient zur Ertüchtigung des Dachshundes. Sie soll das harmonische Zusammenleben von Hund und Mensch erleichtern und festigen. Der Dachshund soll seinen Besitzern ein brauchbarer Begleiter sein. Die BHP soll die Ausbildung des Dachshundes als gehorsamer Begleithund nachweisen.
– Zu einer BHP sind alle Dachshunde ab einem Alter von 9 Monaten sowie mit einem anerkannten Abstammungsnachweis zugelassen.
  Ausnahme: heiße Hündinnen sowie krankheitsverdächtige Hunde.
– Eine Wiederholung der Prüfung ist möglich.
– Die BHP wird durch einen ausgebildeten und anerkannten Richter abgenommen.
– Der Prüfungsleiter ist für die Organisation und den Ablauf der Prüfung verantwortlich. Er muß während der gesamten Prüfung anwesend sein.
– Nach dem offiziellen Beginn einer Prüfung ist das Zurückziehen eines Hundes nicht mehr möglich.
– Bestandene Prüfungen und Bewertungen werden in die Ahnentafeln (Abstammungsurkunden) des Hundes eingetragen.

Die Gliederung der Prüfung:
a) Gehorsam
b) Umweltverhalten
c) Führersuche und Wasserfreude
d) Gesamtprüfung

a) *Gehorsam*

aa) Führigkeit: Der Dachshund folgt seinem Hundeführer an der linken Seite, angeleint, ohne an der Leine zu ziehen, oder frei. Hindernisse müssen gewandt überwunden werden (Größe ca. 30 x 30 x 100 cm).

Die Führigkeit läßt sich sehr schnell und einfach prüfen, indem der Hundeführer mit dem nicht zu kurz angeleinten oder freien Hund Bäume und Pfosten umgeht sowie kreuz und quer durch eine Menschenansammlung läuft (mind. 6 Personen, einige davon mit Hund).

Beim Anhalten des Hundeführers bleibt der Hund am Fuß des Führers stehen oder er setzt sich.

ab) Folgsamkeit: Der Hundeführer schnallt den Hund auf Anweisung und läßt ihn einige Zeit frei laufen (Entfernung ca. 30–50 m).

Auf Pfiff, Zuruf oder Handzeichen hat der Hund dem Hundeführer Folge zu leisten und darf sich dann ohne Aufforderung nicht mehr von diesem entfernen.

Der gute Gehorsam unserer Dachshunde kann durch eine freiwillige Zusatzleistung ergänzt werden. Der auf Hörzeichen herbeikommende Hund soll sich ca. 20 m vor seinem Führer auf Hör- oder Sichtzeichen hinlegen und wird von dort abgeholt. Der Gehorsam wird zusätzlich während der gesamten Prüfung beobachtet und bei der abschließenden Bewertung berücksichtigt.

ac) Die Hunde sind an einer freien Stelle mit genügend Überblick in Gruppen bis zu 4 Hunden zu prüfen.

Die Hunde werden im Abstand von ca. 10 m nebeneinander frei oder angeleint abgelegt. Sie können auf einer persönlichen Unterlage (Decke o.ä.) Platz nehmen. Die Hundeführer entfernen sich gemeinsam ca. 50 m. Eine Sichtverbindung darf bestehen. Die Hunde dürfen den Kopf hochheben oder sich setzen, jedoch den Platz nicht weiter als einen Meter verlassen. Geben sie anhaltend Laut, winseln sie ständig, verlassen sie den Platz oder ziehen sie an der Leine, sind sie von der weiteren Prüfung auszuschließen.

Während der Ablegezeit geht der Prüfungsleiter oder ein Helfer mit einem angeleinten, nicht an der Prüfung teilnehmenden Dachshund in einer Entfernung von ca. 5 m an den abgelegten Hunden vorbei.

Die Ablegezeit beträgt 5 Minuten, um dem Richter genügend Zeit zu geben, jeden einzelnen Hund genau zu beobachten.

b) *Umweltverhalten*

Die heutige Umwelt braucht den umgänglichen, wesensstarken und doch leichtführigen Begleithund. Der aggressive oder ängstliche Hund ist nicht erwünscht. Verlangt wird neben dem Gehorsam Sicherheit im Straßenverkehr und Gelassenheit gegenüber Artgenossen und Menschen.

ba) Verhalten bei Geräuschen: Zur Prüfung des Verhaltens bei Geräuschen bewegt sich der Dachshund frei von der Leine, mindestens 10 m vom Hundeführer entfernt, im Gelände. Der Prüfungsleiter oder ein Helfer schlägt kräftig mit einem Metallhammer (Abstand zum Hund ca. 10 m) gegen ein hängendes Stahlrohr ($\varnothing\,90\,mm \times 4\,mm \times 300\,mm$).

Hunde, die Angstreaktionen zeigen, sind nach 30 Minuten nochmals zu prüfen. Reißen sie auf den Lärm hin aus oder versuchen sie sich zu verkriechen, müssen sie von der weiteren Prüfung ausgeschlossen werden.

bb) Verhalten gegenüber Menschen: Zur Prüfung des Verhaltens gegenüber Menschen, legt der Führer seinen Dachshund frei bei Fuß ab und verharrt mit ihm zusammen an einem Punkt. Mindestens 6 Personen bewegen sich sternförmig, bis auf ca. 3 m auf Führer und Hund zu. Sie gehen langsam und ohne Drohgebärden, sie entfernen sich wieder und gehen zum zweitenmal schnell und energisch auf den Hundeführer und Hund zu (Mindestabstand ca. 5 m).

Der Hund soll sich Menschen gegenüber ruhig und gelassen zeigen.

bc) Verhalten im Straßenverkehr: Zur Prüfung des Verhaltens im Straßenverkehr geht der Führer mit seinem Hund an lose hängender Leine auf dem Gehsteig einer normal befahrenen Straße. Ein Radfahrer überholt in geringem Abstand mit Klingelzeichen den Führer mit seinem Hund. Auf Anweisung des Prüfungsleiters überquert der Führer mit seinem angeleinten Hund die Straße. Vor dem Überqueren muß der Hund deutlich anhalten oder sich setzen. Auf der gegenüberliegenden Straßenseite geht der Führer mit dem Prüfling wieder zurück und überquert die Straße zum zweiten Mal.

Den Fußgängern und dem rollenden Ver-

kehr gegenüber soll sich der Hund gelassen und ruhig verhalten, er soll seinem Führer aufmerksam und willig folgen.

c) *Führersuche und Wasserfreude*

Der Dachshund hat von Natur aus einen ausgeprägten Spur- und Finderwillen. Es gehört daher zu seinen bevorzugten und besonders beliebten Arbeitsaufgaben Spuren und Fährten auszuarbeiten. Besonders bereitwillig und freudig sucht er seinen Führer oder seine Führerin.

ca) Führersuche: Zur Prüfung der Führersuche geht der Hundeführer zusammen mit einem Helfer im offenen Gelände oder einem Altholzbestand ca. 300 m mit zwei rechtwinkligen Haken. Die Fährte soll möglichst mit Rückenwind gelegt werden. Führer und Helfer haben sich ruhig zu verhalten.

Der zu prüfende Hund wird von einem weiteren Helfer gehalten und darf die sich entfernenden Personen nicht beobachten. Unmittelbar danach wird der zu prüfende Hund vom Richter an der markierten Ablaufstelle angesetzt. Der Hund hat die Fährte zügig und flott auszuarbeiten und muss seinen Führer finden ohne sich von der Fährte ablenken zu lassen. Der Richter darf den Hund höchstens dreimal neu ansetzen.

cb) Wasserfreude: Der überwiegende Teil der Dachshunde zeigt eine ausgeprägte Freude am und im Wasser. Dies ist ein zusätzlicher Hinweis auf die Wesensfestigkeit der Rasse.

Zur Prüfung der Wasserfreude wird ein beliebiger, schwimmfähiger Gegenstand vom

Hundeführer mindestens 6–8 m weit in tiefes, stehendes Wasser geworfen. Der Hund soll freiwillig den Gegenstand bis ans Ufer holen. Die einmalige Wiederholung und Zuspruch durch den Führer sind gestattet. Verläuft der zweite Versuch negativ, ist die Wasserfreude nicht bestanden.

Bewertung der Arbeiten und Leistungsnoten
Die Noten-Skala reicht von 0 ungenügend bis 4 sehr gut, der Multiplikator liegt beim Gehorsam bei 2 angeleint resp. 5 frei, Ausnahme Folgsamkeit 5 bei »ohne Halt« resp. 10 bei »mit Halt«. Beim Umweltverhalten ist es stets die 5, ebenso bei der Führersuche, bei der Wasserfreude ist der Multiplikator die 6 und beim Bringen aus dem Wasser die 4.

Für bestandene Prüfungen werden die folgenden Leistungszeichen vergeben: Teilprüfung »Gehorsam« BHP-1, Teilprüfung »Umweltverhalten« BHP-2, Teilprüfung »Führersuche/Wasserfreude« BHP-3 und bei der Gesamtprüfung d.h. alle 3 Teilprüfungen am gleichen Tage mit Erfolg bestanden BHP-G.

Die jagdlichen Prüfungen

Hat Dr. Engelmann noch mitte der 20iger Jahre geschrieben: »Die Jagd hat den Teckel geschaffen, nur die Jagd kann ihn in seiner ganzen Eigenart erhalten. Teckelzucht ist Gebrauchshundezucht, muß Gebrauchshundezucht bleiben, sonst ist sie keine Teckelzucht mehr«, so haben sich in den vergangenen Jahrzehnten Zucht, Haltung und Verwendung des Dachshundes gewaltig verändert. Obwohl

sich dieses Buch in erster Linie an die Liebhaber und Halter eines Familienhundes wendet, so sollen doch, wenn auch in einer etwas gerafften Form, der jagdliche Einsatz und die jagdlichen Prüfungen für Dachshunde gebüh-

Michalski: Rauhhaardackel mit Bock.

rend erwähnt werden. Wenn in der Zwischenzeit auch mehrheitlich zum Familienhund geworden, so darf nicht vergessen werden, der Dachshund ist und bleibt ein Jagdhund, er wird denn auch heute noch mit viel Erfolg in Europa jagdlich geführt und entsprechend gezielt gezüchtet wird.

Erfolg, Freude und Anerkennung bedingen aber einen ausgebildeten Hund. Der Dachshund ist einer der Vielseitigsten unter den Jagdhunderassen, er arbeitet unter der Erde auf Fuchs und Dachs, über der Erde stöbert er das Niederwild, er jagt mit einem guten Spurlaut den Hasen, wenn die richtige Passion dazu vorhanden ist, so holt er auch die Ente aus dem Wasser und sozusagen als Krönung des Ganzen arbeitet er an der langen Leine ruhig und sicher die Spur des verletzten Wildes aus. Gerade diese Arbeit ist es, die ihn zu einem wichtigen Helfer bei der Suche von auf der Straße angefahrenem Wild macht. Es gibt die Spezialisten für die eine oder andere Arbeit, aber auch die Allrounder welche überall mit Erfolg eingesetzt werden können.

Die umfangreiche Prüfungs-Ordnung (PO) für Dachshunde umfaßt nebst einer Prüfung für jede Sparte als die sogenannte Meisterprüfung, die sich über zwei Tage erstreckende Vielseitigkeits-Prüfung (ohne Kunstbau).

Federführend für die PO dieser Prüfungen ist der DTK, diese deutsche PO wird in den meisten europäischen Ländern ebenfalls angewandt, wobei hier oder dort auch eigene PO zur Anwendung gelangen. So z.B. beim Schweiß, weisen in Deutschland die künstlich angelegten Fährten eine Länge von 1000–1200 m auf, die Schweiz kennt sowohl die 500 wie die 1000m Fährte, Oesterreich unterscheidet zwischen Anlage- und den Hauptprüfungen usw. In der Regel muß jeder Dachshund einmal, und zwar vor seiner ersten Prüfung, die »Schußfestigkeit" bestehen, d.h. keinerlei Fluchtreaktionen bei der Abgabe von 2 Schrotschüssen zeigen. In Deutschland besteht eine Einschränkung, indem von ganz wenigen Ausnahmen abgesehen, eine bestandene Prüfung nicht mehr wiederholt werden kann.

Bevor ich auf die einzelnen Fächer einer Dachshunde-Jagdgebrauchs-Prüfung etwas näher eintrete noch ein Wort zum »Spurlaut«.

Der Dachshund als ausgesprochen urtümlicher Jagdhund der zu Brackenartigen gezählt wird, ist bekannt für seinen exzellenten Spurlaut. Spurlaut ist eine Erbanlage die sich aber nicht dominant weiter vererbt, es gibt spurlaute und stumme Hunde. Aus einer Paarung zwischen zwei stummen Hunden kann niemals mehr ein Spurlaut kommen (F. Engelmann). Da aber Spurlaut eine der wichtigsten Eigenschaften für den Dachshund als Jagdhund ist, zählt die Spurlaut-Prüfung zu den Hauptfächern. Schneider-Leyer hat den Spurlaut folgendermaßen formuliert: »Der Spurlaut eines Jagdhundes ist ein Gottesgeschenk. Entweder ein Hund hat ihn, oder er hat ihn nicht«. Sicher kann man einen Hund der nicht absolut stumm ist, durch gezieltes Üben dazu bringen, daß er auf der Spur des für ihn nicht sichtbaren Hasen Laut gibt.

Nachstehend nun in einer gekürzten Form die zu erfüllenden Aufgaben in den einzelnen Prüfungsfächern, die Reihenfolge des Einsatzes des Hundes wird vor Beginn jeder Prüfung ausgelost.

Spurlaut: Richter, Helfer und Hundeführer gehen in einer breiten Linie durch das Suchgelände. Wird ein Hase hochgemacht, so setzt der Führer auf Einweisung durch die Richter seinen Hund in die unmittelbare Nähe der Hasenspur. Der Hund darf aber vorher den Hasen nicht gesehen haben, er hat nun die Spur zu suchen und dieser, ohne den Hasen zu sehen, lauthals zu folgen, alle Haken in der Spur sind genau auszuarbeiten.

Stöbern: Diese anspruchsvolle Prüfung ist in zwei Teile aufgegliedert; der reinen Stöberarbeit und den Abrichtungsfächern. Diese sind: Führigkeit, Ablegen und Schußruhe während mindestens 5 Minuten sowie dem Benehmen beim Treiben. Der Entscheid ob diese Fächer frei oder angeleint absolviert werden, liegt allein beim Führer um in der Prüfung zu verbleiben, muß jedes Einzelfach bestanden sein. Bei der Stöberarbeit muß der Hund selbständig eine Parzelle von mindestens 1 ha. Größe nach Wild absuchen und dieses lauthals verfolgen. Der Führer verbleibt am Rande der Parzelle und darf seinen Hund bei der Arbeit nicht beeinflussen. Der Hund muß Haarwild finden.

Schweißprüfung: Bei der Schweißprüfung, der Nachsuche am langen Riemen auf einer künstlich hergestellten Wundfährte, kennt man von Land zu Land geringe Unterschiede, vor allem was die Länge und Anzahl der Winkel, aber auch die Stehzeit, anbetrifft. Die klassische Prüfung beinhaltet: Länge 1000–1200 m, drei möglichst rechtwinklige Haken und eine Stehzeit von rund 20 Stunden, maximale Schweissmenge $1/4$ Liter. Schweiß (mit Schweiß bezeichnet der Jäger das Blut des Wildes).

Der Hund hat am mindestens 6 m langen Riemen die Fährte auszuarbeiten, dabei darf er höchstens zweimal die Fährte so verlieren, daß die Richter den Führer zurückrufen müssen. In der Schweiz kennt man auch die 500 m lange Übernacht-Fährte mit 2 Haken.

Vielseitigkeits-Prüfung: Als Krone der Prüfungen wird die Vielseitigkeitsprüfung bezeich-

net. Hier muß der Hund an zwei aufeinanderfolgenden Tagen alle vorgenannten drei Prüfungen absolvieren wobei er beim Stöbern nicht unbedingt finden muß und die Schweißfährte lediglich eine Länge von mind. 600 m und zwei Haken aufweist.

Das Bestehen aller Fächer ist Voraussetzung für eine erfolgreiche Prüfung.

Nebst diesen Prüfungen gibt es noch spezielle Prüfungen für Kleinst-Dachshunde sowie Prüfungen im Kunstbau mit und ohne Kontakt. Bauprüfungen sind in erster Linie für Jäger welche die Bodenjagd ausüben. Ich habe bereits am Anfang meine Meinung zu den jagdlichen Prüfungen geäussert. Besitzer von Dachshunden, welche überhaupt keine Beziehung zur Jagd haben, sollen wissen, daß es solche Prüfungen gibt, sie sollten aber mit ihrem Hund an diesen Prüfungen nicht führen. Dazu kommt noch, daß bei verschiedenen Prüfungen nur Hundeführer zugelassen werden welche jagdberechtigt sind. Die neu geschaffene Begleithunde-Prüfung verlangt, wenn sie erfolgreich sein soll, eine gute Vorbereitung des Führers und des Hundes, sie vermittelt damit dem Nichtjäger eine sinnvolle Betätigung. Jäger unter den Lesern dieses Buches, die ihren Hund jagdlich ausbilden möchten, wenden sich bitte direkt an eine der im Anhang aufgeführten Kontaktadressen.

13. Die Hundeausstellung

Einen höheren Stellenwert als die Hundeprüfungen genießen bei vielen Hundebesitzern und vor allem bei den Züchtern die Ausstellungen.

Zuvor aber nochmals ein Wort zu den Ankörungen. Ob Ankörung, Zuchtschau, Zuchtmusterung oder Pfostenschau, wie immer es auch bezeichnet wird, hier geht es, im Gegensatz zur Ausstellung, ausschließlich um die Feststellung ob der Rüde bzw. die Hündin zuchttauglich ist. Hier wird der Hund nicht allein auf sein Äußeres und sein Gangwerk hin beurteilt, hier geht es in erster Linie darum, daß die als zuchttauglich befundenen Tiere in allen Teilen, sowohl genetisch wie exterieurmäßig, den oftmals sehr strengen Zuchtvorschriften entsprechen.

Hunde-Ausstellungen, vor allem die internationalen Ausstellungen im Rahmen der Vorschriften der FCI haben eine andere Zielsetzung. Diese Ausstellungen sind, den Beurteilungs-Kriterien der FCI entsprechend, eine Schönheits-Konkurrenz. Wer hier mit einem ungepflegten Hund antritt, hat von Anfang an keine Siegeschance.

Es gibt mehrere Ausstellungs-Klassen, an den internat. Ausstellungen mit der Vergabe des CACIB und CAC (s/Anhang) müssen zwingend die folgenden Klassen ausgeschrieben werden: Jugend-Klasse, Alter 9 bis 18 Monate; offene Klasse, Alter ab dem 15. Monat; Gebrauchshunde-Klasse, Alter ab 15 Monaten; offen für Rassen welche gemäß den Bestimmungen der FCI einer Arbeits-Prüfung unterworfen sind; Champion-Klasse, für Hunde welche bereits einen anerkannten Schönheits-Siegertitel gewonnen haben.

Weitere Klassen sind: Jüngsten-Klasse, Alter 6 bis 9 Monate; Veteranen-Klasse, Alter ab 8 Jahren.

Zusätzlich im Programm einer großen Ausstellung findet man auch die Paar-Klasse, Rüde und Hündin der gleichen Rasse und im Eigentum derselben Person sowie die Zuchtgruppen, mindestens drei Hunde aus der gleichen Zucht wobei hier je nach Land die Zahl der Hunde unterschiedlich sein kann. Bei der Bewertung einer Zuchtgruppe wird nicht nur die Qualität jedes einzelnen Hundes beurteilt, der Gesamteindruck wie Größe, Haarkleid, Farbe spielen eine wesentliche Rolle.

Die Einzelbewertung im Ring

An sämtlichen, unter der Hoheit der FCI stehenden Ausstellungen erfolgt in den vorgenannten 4 Klassen sowie in der Jugend- und Veteranen-Klasse die Einzelbewertung der Hunde aufgrund des offiziellen FCI-Rassestandards. Der Richter vergibt seine Bewertungs-Noten gemäß nachstehender Skala:

vorzüglich (v.): an Hunde welche dem Rassestandard in nahezu idealer Weise entsprechen, in ausgezeichneter Verfassung vorgeführt werden und ein rassetypisches Verhalten zeigen.

sehr gut (sg.): an Hunde welche die Bedingungen für das »v« ebenfalls erfüllen, jedoch einige kleinere Fehler zeigen.

gut (g.): an Hunde welche in den Hauptmerkmalen dem Rassestandard hinreichend entsprechen, jedoch mehrere kleinere oder einzelne größere Fehler aufweisen oder deren Verfassung nicht optimal ist.

genügend (gen.): an Hunde welche den im Rassestandard verlangten Rassekennzeichen nicht entsprechen oder körperliche oder wesensmäßige Mängel zeigen.

ungenügend (ungen.): an Hunde welche dem Rassestandard nicht mehr entsprechen, gesundheitsschädigende Fehler oder gravierende Wesensmängel aufweisen.

In der Jüngsten- und der Baby-Klasse werden üblicherweise die nachstehenden Bewertungen vergeben:

vielversprechend (vv.) an Hunde welche ihrem Alter entsprechend eine vorzügliche Veranlagung aufweisen.

versprechend (vsp.) an Hunde welche ebenfalls schon die Vorzüge der Rasse aufweisen, jedoch noch zu wenig entwickelt sind.

nicht entsprechend (ne.) an Hunde welche den rassetypischen Merkmale nicht entsprechen oder anatomische Deformationen aufweisen.

Der Richter hat sich in jedem Fall an den Rassestandard zu halten und er muß den Hund so bewerten wie sich dieser am Ausstellungstag und Zeitpunkt der Beurteilung zeigt. Auch Hunde haben nicht immer ihren besten Tag.

Internationale Ausstellungen sind öffentlich ausgeschriebene Ausstellungen mit der Vergabe von CACIB und CAC. Hier kann jeder Rassehund mit einer von der FCI anerkannten Abstammungsurkunde ausgestellt werden. Diese Ausstellungen dauern in der Regel einen Tag resp. bei Aufteilung der Rassengruppen zwei Tage.

Die rund 350 verschiedenen Hunderassen sind innerhalb der FCI in 10 Rasse-Gruppen aufgeteilt, so umfaßt die Gruppe 1: alle Schäferhunderassen und alle Treibhunde, die Gruppe 2: die Schweizer Sennenhunderassen, Schnauzer und Pinscher sowie die doggenartigen Rassen, die Gruppe 3 umfaßt die Terrier-

rassen, in der Gruppe 4 sind die Dachshunde, die Gruppe 5 umfaßt die nordischen Hunderassen, die Jagdhunde finden wir in den Gruppen 6–8 und die Gesellschaftshunde (Zwerghunde, Pudel) in der Gruppe 9, letztendlich sämtliche Windhunderassen in der Gruppe 10.

Die Kenntnis dieser 10 Rassegruppen ist wichtig, denn meistens wird eine internationale Ausstellung auf 2 Tage aufgeteilt, d.h., daß die einen Gruppen nur am 1. Tag und die restlichen nur am 2. Tag zu sehen sind.

Die FCI hat nicht nur die Rassen in die 10 Gruppen eingeteilt, sie hat auch festgelegt, welche Rassen für die Erlangung eines Internat. Champion-Titels einer Arbeitsprüfung unterworfen sind und welche nicht. Die Dachshunde z.B. müssen eine solche Prüfung absolvieren. Die Gebrauchsklasse kann somit nur bei diesen Gebrauchshunde-Rassen ausgeschrieben werden.

Wie vorgängig erwähnt, wird bei den großen internat. Ausstellungen die Vergabe des CACIB und des CAC ausgeschrieben. Das CACIB ist die Anwartschaft auf den Internat. Schönheitstitel der FCI und das CAC diejenige für den Titel eines nationalen Schönheits-Champion (s/Anhang). Für den internationalen Titel müssen folgende Bedingungen erfüllt sein:

a) für Rassen welche keiner Arbeitsprüfung unterworfen sind, vier CACIB in drei verschiedenen Ländern unter mindestens drei verschiedenen Richtern. Eines der vier CACIB muß im Lande des Hundeigentümers oder im Ursprungsland der Rasse erlangt worden sein.

b) für Rassen welche einer Arbeitsprüfung unterworfen sind, zwei CACIB in zwei verschiedenen Ländern unter zwei verschiedenen Richtern und zusätzlich noch eine anerkannte Arbeitsprüfung.

In beiden Fällen muß zwischen dem ersten und letzten erforderlichen CACIB ein Zwischenraum von mindestens 366 Tagen liegen.

Für den nationalen Titel sind die Anforderungen von Land zu Land verschieden, es wird daher empfohlen, sich bei der Geschäftsstelle des jeweiligen Landesverbandes über die Bedingungen zu erkundigen.

In der Schweiz benötigt man für den Titel »Schweizer Schönheits-Champion« drei CAC unter mindestens zwei verschiedenen Richtern. Zwei Anwartschaften müssen an internationalen, resp. nationalen Ausstellung für sämtliche Rassen erworben werden.

Der Zwischenraum zwischen dem ersten und letzten CAC beträgt 366 Tage.

Die Homologierung des Titels kann von allfälligen Sonderbestimmungen der Rasseklubs wie z.B. Angekört, bestandene Prüfung, HD-frei usw., abhängig gemacht werden.

Die Verleihung des Titels erfolgt, auf schriftlichen Antrag des Eigentümers des Hundes, durch die Geschäftstelle der SKG.

Deutschland resp. der VDH kennt für die Verleihung des Titels »Deutscher Champion (VDH)« die folgenden Bedingungen: Der Titel wird verliehen, wenn vier bestätigte Anwartschaften nachgewiesen werden, von denen mindestens zwei auf internationalen oder allgemeinen Zuchtschauen errungen wurden.

Zwischen der ersten und der letzten Anwartschaft muß ein zeitlicher Mindestzwischenraum von 12 Monaten und einem Tag liegen.

Die Anwartschaften müssen unter mindestens drei verschiedenen Zuchtrichtern erworben sein.

Das Vorschlagsrecht für eine Anwartschaft liegt in der alleinigen Zuständigkeit des amtierenden Zuchtrichters. Wenn die Verleihungsbestimmungen für den Titel erfüllt sind, kann der Eigentümer bei der VDH-Geschäftsstelle einen schriftlichen Antrag stellen.

Die Verleihung des Titels »Oesterreichischer Champion« durch den OeKV erfolgt, wenn die nachstehenden Bedingungen erfüllt sind: Der Titel wird denjenigen Hunden zuerkannt, die auf vier internationalen Ausstellungen in Österreich das CACA (Anwartschaft) unter mindestens drei verschiedenen Richtern erworben haben. Zwischen der ersten und letzten Zuerkennung des CACA muß mindestens ein Jahr vergangen sein.

Bei jagenden und nichtjagenden Gebrauchshunden, bei den für die Erlangung des Titels OeCH eine Prüfung erforderlich ist, müssen drei CACA in der Gebrauchshundeklasse erworben sein.

Die Verleihung des Titels erfolgt auf schriftlichen Antrag durch die Geschäftsstelle des OeKV.

Nebst dem OeCH vergibt der OeKV auch den Titel »Oesterreichischer Jugendchampion«. Die Bedingungen dazu erfragen Sie bitte direkt bei der Geschäftsstelle des OeKV.

Ergänzend sei noch darauf hingewiesen, daß die Bedingungen für den Titel eines nationalen Champions jeweils im Katalog der betreffenden Ausstellung aufgeführt werden.

Wenn Sie nun die Absicht haben, Ihren Hund auszustellen, so empfehle ich Ihnen entweder zuerst einmal eine internationale Ausstellung zu besuchen und sich den Betrieb einer solchen Veranstaltung in aller Ruhe anzusehen oder aber den Hund erstmals zu einer der in je-dem Land durchgeführten Klub-Ausstellungen anzumelden. Dachshunde aller Größen und Haararten sind an den großen Ausstellungen meist gut vertreten. Vergessen Sie aber nie, Sieger kann stets nur ein Hund sein, Mitmachen kommt daher vor dem Gewinnen.

Wie bereits erwähnt, handelt es sich hier primär um eine Schönheits-Konkurrenz. Schönheit allein genügt aber noch nicht, für Hund und Vorführer gelten ganz bestimmte Regeln in bezug auf ihr Verhalten im Ring. Der Richter beurteilt den Hund hinsichtlich seines Erscheinungsbildes, Körperbau, Haarkleid, Gangwerk, Verhalten im Stand sowie dem Verhalten gegenüber dem Richter und den anderen Hunden. Bei den kleinen Rassen, und dazu zählt auch der Dachshund, wird der Hund zuerst auf einen Tisch gestellt. Der Richter kontrolliert hier nun das Gebiß, der Hund muß also darauf vorbereitet werden, daß ihm eine fremde Person den Fang öffnet um Zahnschluß, Anzahl der Zähne und deren Stellung zu kontrollieren. Die Augen werden kontrolliert, Rücken, Rute und Brust abgetastet, beim Rüden wird das Vorhandensein der Hoden kontrolliert und auch das Haarkleid wird bezüglich seiner Struktur untersucht. Zurück auf dem Boden erfolgt nun die Beurteilung des Gangwerkes, die Winkelung der Vorder- und Hinterläufe, wie zeigt sich der Hund im Stand, ist der Verlauf von Rücken- und Brustlinie korrekt, wird die Rute richtig getragen, der Hund darf auf keinen Fall die Rute zwischen seine Hinterläufe klemmen. Während der Beurteilung des Hundes durch den Richter sollte sich der Hund nicht setzen. Als Vorführer haben Sie ihre Katalog-Nummer stets sichtbar zu tragen und Sie müssen alle Aufforderungen seitens des Rich-

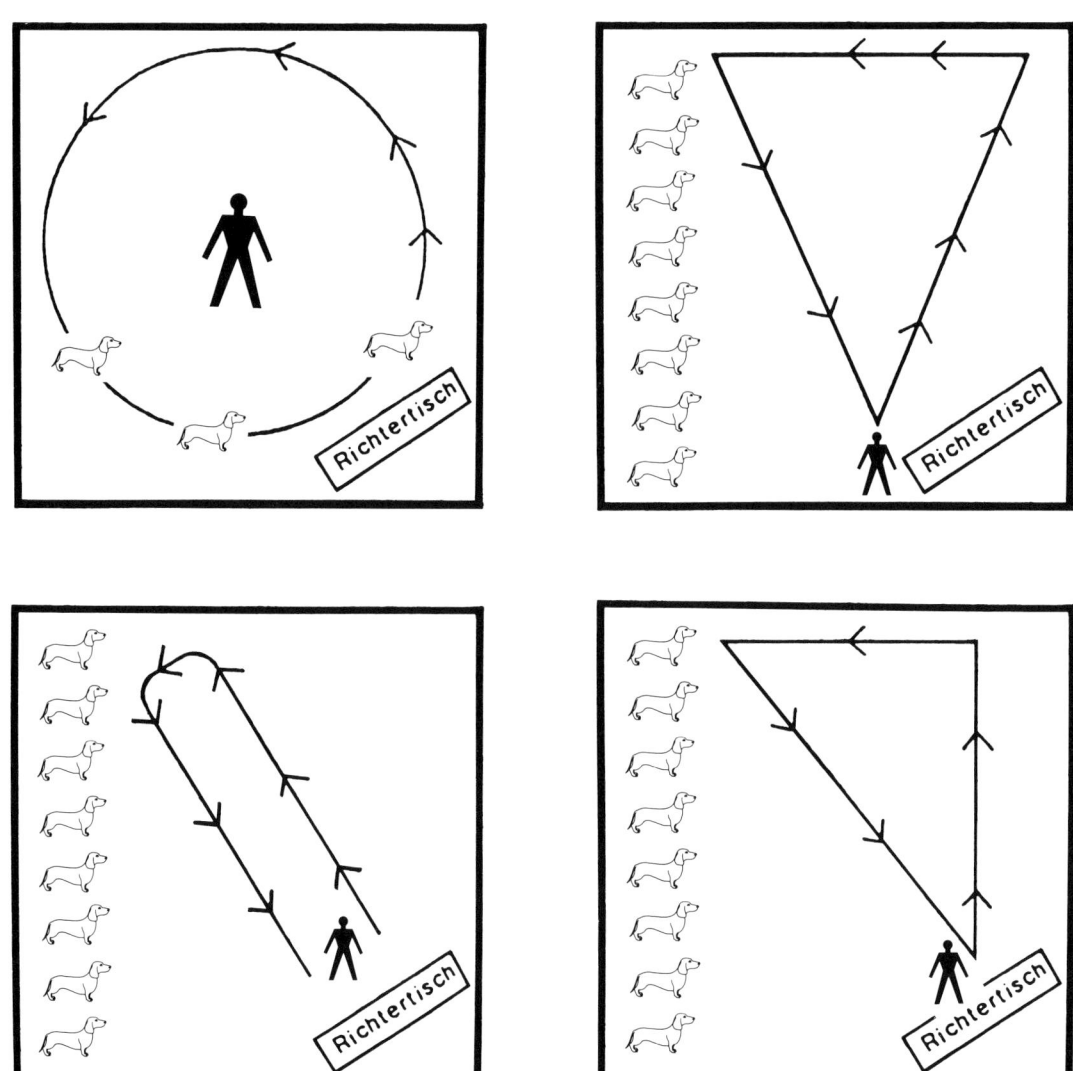

Die Bewegungsrichtungen, die vom Richter am häufigsten verlangt werden.

*Grafik: Mit freundlicher Genehmigung von Rosemarie Wild aus »Flat Coated Retriver«
(Reihe Hunderassen/Müller Rüschlikon Verlags AG, CH-6330 Cham) übernommen.*

ters sofort und richtig befolgen. Die nebenstehende Bildtafel zeigt Ihnen den üblichen Ablauf der Bewegung des Hundes bei der Einzelbewertung.

Wenn der Richter alle Hunde einer Klasse begutachtet hat, so wird er die ganze Klasse sich nochmals im Kreise bewegen lassen, um dann die Hunde aufgrund seiner Bewertung zu plazieren.

Für die abschließende Vergabe von CACIB und CAC resp. Reserve-CACIB und Reserve-CAC müssen dann, getrennt nach Rüden und Hündinnen, alle mit v1 und v2 bewerteten Hunde nochmals im Ring erscheinen. Der Entscheid ob das CACIB resp. CAC vergeben wird, liegt in der alleinigen Kompetenz des Richters. Der Aussteller kann keinen Anspruch geltend machen.

14. Anhang

Wichtige Adressen

Schweizerischer Dachshund Club (SDC)
Präsident: Osterwalder Robert, Balmwiesenstr. 9, CH-8322 Madetswil

Deutscher Teckel Klub e.V. (DTK)
Geschäftsstelle/Stammbuchamt: Prinzenstr. 38, D-47058 Duisburg

Oesterreichischer Dachshundeklub (OeDHK)
Geschäftsstelle: Beheimgasse 62, A-1170 Wien

Schweizerische Kynologische Gesellschaft (SKG)
Geschäftsstelle: Postfach 8217, CH-3001 Bern
Stammbuchverwaltung: Postfach 8363, CH-3001 Bern

Verband für das Deutsche Hundewesen (VDH)
Geschäftsstelle: Postfach 10 4154, D-44041 Dortmund

Oesterreichischer Kynologenverband (OeKV)
Geschäftsstelle: Johan Teufel-Gasse 8, A-1238 Wien

Fédération Cynologique Internationale (FCI)
Geschäftsstelle: 13, Place Albert I, B-6530 Thuin

Übersicht über die verschiedenen Titel, Schönheit resp. Arbeit

CAC	Certificat d'aptitude au championnat national de beauté
	Anwartschaft für den Titel des nationalen Schönheits-Champions
CACIB	Certificat d'aptitude au championnat international de beauté
	Anwartschaft für den Titel des Internationalen Schönheits-Champion
FCI Champion	Champion international de beauté de la FCI
	Internationaler Schönheits-Champion der FCI
SKG Champion	Champion suisse de beauté
	Schweizer Schönheits-Champion
VDH Champion	Deutscher Champion (VDH)
OeKV Champion	Österreichischer Champion (OeCH)
CACT	Certificat d'aptitude au championnat national de travail
	Anwartschaft für den Titel des nationalen Arbeits-Champion
CACIT	Certificat d'aptitude au championnat international de travail
	Anwartschaft für den Titel des Internationalen Arbeits-Champion
FCI Arbeits-Champion	Champion international de travail de la FCI
	Internationaler Arbeits-Champion der FCI

Einige Fachwörter

Abstammungsurkunde	Eine Urkunde, ausgestellt durch den Landesverband resp. den Rasseklub. Diese bestätigt die Rassereinheit des Hundes auf mind. drei Generationen zurück, sie kann jedoch eine spätere Zuchtverwendung nicht bestätigen.
Alpha-Tier	Das ranghöchste Tier in der Meute.
Austritt	Das Wild (Reh, Rotwild, Schwarzwild) sucht Wiesen und Felder zwecks Nahrungsaufnahme (Äsen) auf. Es tritt aus.
Behang	Im Gegensatz zum Kipp- oder Stehohr nennt man bei den brackenartigen Hunden das anliegende, flache oder gefaltete Ohr = Behang. Bei den Schweiß- bzw. Vorstehhunde-Rassen spricht man beim Alter des Hundes oft auch vom Behang oder Feld, z.B. er steht im 2. Behang/Feld. Das erste Jahr wird nicht mitgezählt.
Bodenjagd	Jagd unter der Erde auf Dachs, Fuchs und Kanin.
Brand	Farbige Abzeichen, vor allem bei den Augenbogen und Lefzen bei schwarzen Tieren.
Einstandsgebiet	Von außen nicht einsehbare Dickungen aus Laub- oder Nadelholz, in welchem sich das Wild ungestört aufhalten kann.
Fährte	Das Wild (Reh, Rotwild) hinterläßt durch die Schalenabdrücke seiner Läufe, für das menschliche Auge oft kaum sichtbare Boden-verletzungen. Es zieht seine Fährte. Kalte Fährte: Fährte des gesunden Tieres; mindestens 3 Stunden alt. Warme Fährte: frische Fährte des gesunden Tieres.
Fang	Schnauze.
Faßbeinig	Die Sprunggelenke der Hinterhand sind nach außen gestellt.
Federn	Lange Haarfransen an der Vorder- und Hinterhand beim Langhaar-Dachshund.
Hinterhand	Die hinteren Läufe.
Kehlwamme	Ausgeprägte Hautfalten, meist auch noch stark behaart an der Kehle.
Kuhhessig	Die Sprunggelenke der Hinterhand sind nach innen gestellt, X-beinig.
Kruppe	Übergang vom Rücken zur Rute. Die Kruppe wird vom Becken und Kreuzbein gebildet.

Lauthals	Der Hund folgt einer frischen Wildfährte, ohne jedoch das Tier zu sehen, unter ständigem Lautgeben.
Lederohr	schlechte, dürftige Behaarung am Ohr, lederartiges Aussehen
Merlefaktor	Gesprenkeltes Haarkleid d.h. wahllos auf dem Körper verteilte Flecken. Die Flecken haben stets eine kräftigere Tönung als die gesamte Grundfarbe des Haares.
Microchips	Implantation eines Transpoders mit einer unlöschbaren Zahl im Körper des Tieres. Der Microchip kann jedoch nur mittels einem speziellen Lesegerät erfaßt werden.
Omega-Tier	Rangniedrigstes Tier in der Meute.
Pfoteneng	Die Vorderläufe stehen nicht gerade, die Pfoten sind nach innen gedreht.
Pfotenweit	Die Vorderläufe, vor allem der Vordermittelfuß, wird nach außen gestellt.
Schnallen	Bei der Jagd wird der Hund geschnallt d.h. der Jäger löst die Leine vom Halsband resp. das Halsband wird vollständig abgenommen (z.B. Baujagd).
Schweiß	Mit Schweiß bezeichnet der Jäger das Blut des Wildes.
Schweißhalsung	2–2$\frac{1}{2}$ mal breiter als ein normales Halsband, aus weichem, geschmeidigen Leder damit der Hund bei seiner Arbeit nicht behindert wird.
Schweißleine/ Schweißriemen	Die mindestens 6–8 m lange dünne, geschmeidige Leine möglichst aus Leder für die Nachsuche nach verletztem oder totem Wild. Die Länge ist sehr wichtig, der Hund soll damit die Möglichkeit haben, weiträumig zu suchen.
Stöberjagd	Jagd über der Erde in dichtbewaldeten Parzellen. Der Hund soll Wild suchen und dieses lauthals verfolgen.
Tätowierung	Unauslöschbare Kennzeichnung durch Zahlen und Buchstaben mittels der Tätowierzange. Beim Dachshund meist im Behang.
Vorderhand	Die vorderen Läufe.
Widerrist	Höchste Stelle am Rücken, gebildet durch den oberen Rand des Schulterblattes. Die Größe eines Hundes wird an dieser Stelle gemessen = Widerrist bis zum Boden, wichtig dabei ist, daß der Boden eben ist und sich der Hund beim Messen nicht verkrampft.

Literaturnachweis

Althaus Th. Dr., Bern	*Vom Torfhund zum heutigen Rassehund*
Daglish/Burns & Fraser, USA	*Tigerdachshunde*
Deutscher Teckel Klub	*Ein Blick zurück, 100 Jahre DTK*
Engelmann F. Dr. †	*Der Dachshund*
Gutbrod D. Dr., Nürnberg	*Die Teckellähme*
Schneider-Leyer E. Dr. †	*Mein Freund, der Dachshund*